COMENTARIOS

JOSÉ MARÍA CARRASCAL

COMENTARIOS

ESPASA CALPE

TEXTOS ESCOGIDOS

Dirección: Javier de Juan
Editora: Pilar Cortés

Diseño de cubierta: Ángel Sanz Martín
© Fotografía de cubierta: Rafael Bravo, Antena 3 TV

Depósito legal: M. 7.906-1994
ISBN: 84-239-7801-X

Impreso en España/Printed in Spain
Impresión: UNIGRAF, S. L.

Editorial Espasa Calpe, S. A.
Carretera de Irún, km. 12,200. 28049 Madrid

Índice

Nota del autor

Reúne este volumen la casi totalidad de mis Comentarios en el último Noticiario de Antena 3 TV, entre diciembre de 1992 y febrero de 1994. Fuera quedan sólo los reiterativos o los que abordan temas tan al hilo de la actualidad, que la han perdido. ¿Por qué ese período de tiempo? Pues porque es del único que conservo los originales. Los Comentarios anteriores habría que rescatarlos de la videoteca de la emisora. Aparte de que 1993 fue un año especial, un año encrucijada, que resume la década anterior y se impregna ya de la siguiente, como van a ver quienes tengan la curiosidad de leer, o sólo hojear, este libro. Y termino esta nota, que no prólogo. Comentar unos comentarios no hablaría muy bien de ellos.

J. M. C.

Diciembre de 1992

La década socialista

Diez años en el Gobierno, para cifrar todas las esperanzas en que los demás nos saquen del atolladero. A esto se ha quedado reducida la década socialista. Tantos planes, tanta reconversión, tanto posmodernismo, tanta arrogancia, para confiar en los otros. Lo explicó hoy Felipe González. Lo había explicado Carlos Solchaga. Lo van a oír ininterrumpidamente hasta las próximas elecciones, sean en primavera o en otoño: la economía norteamericana saldrá del bache en el segundo semestre del 93. Seguirán las europeas. Y tras las europeas, iremos nosotros. ¡Qué bonito! Dan ganas de preguntarles: «Y ustedes, ¿qué han hecho todos estos años? ¿Por qué no aprovecharon la bonanza internacional para sanear la economía española y ponerla entre las más ágiles, en vez de tener que esperar a que reaccionen las demás?» Porque la realidad es esta: seguimos donde estábamos, a la cola, dependiendo de los otros. Y eso si las cosas van bien. Porque las cuentas de González y Solchaga pueden resultar, como tantas otras suyas, las de la lechera. Esta recuperación norteamericana puede no traducirse a las demás. Europa puede resolver sus problemas con mucha más lentitud. Y entonces, ¿qué? Pues entonces, a esperar, a resignarse. Porque quien espere algo de aquí dentro, esperará en vano. Aquí dentro no se ha hecho nada para hacer a la economía española más productiva, más competitiva. Aquí dentro, lo único que se ha hecho al respecto son unos cuantos nuevos millonarios, y los demás, como siempre, esperando que llegue Mr. Marshall o Mr. Kohl. Sólo que ahora no pedimos un tractor. El tractor no nos servirá de nada tras los recortes agrícolas de Bruselas. Ahora pedimos directamente a la Comunidad los fondos de cohesión. O que nos compre una multinacional. Diez años de gobierno socialista, para esto.

(2 de diciembre de 1992.)

Reproches de novios

Hay un síntoma infalible para detectar la ruptura de un idilio: que los novios empiecen a encontrarse defectos. Significa que caen de sus ojos las telarañas que el amor había puesto en ellos. Felipe González nos encuentra cada vez más defectos a los españoles. Tal vez porque los españoles encontramos cada vez más defectos a su gobierno. El último piropo que nos ha largado fue que «la sociedad española se vuelve blanda y poco resistente a la crisis. Es un problema —añadió para suavizarlo un poco— de las sociedades desarrolladas, como la alemana, que está percibiendo mal la unificación». De una tacada, el presidente nos metió dos trolas. Los alemanes no están percibiendo mal la unificación. La están percibiendo como es: con los esfuerzos y sacrificios que se necesitan para absorber a 17 millones de compatriotas canibalizados por el comunismo. En cuanto a que los españoles nos hemos vuelto blandos, el presidente se equivoca a sabiendas. Nos hemos vuelto más escépticos, más cínicos, o sea, más duros. No más blandos. Nos hemos vuelto menos inocentes, desayunándonos cada mañana con un nuevo escándalo, viendo surgir fortunones a la sombra del poder y comprobando cómo el partido gubernamental esquiva la justicia, en vez de cooperar con ella. Y oyendo al presidente echarnos la culpa de que las cosas vayan mal. Los españoles nos hemos hecho también más sabios. Las parrafadas de Felipe González ya nos aburren. Dentro de poco, nos fastidiarán. Es lo que suele ocurrir con los idilios rotos.

(3 de diciembre de 1992.)

Niñas fugadas

Antes se escapaban de casa los chicos. Ahora lo hacen las chicas. Cada poco recibimos la noticia de que una chica ha desaparecido. Alguna, sí, ha sido víctima de un malvado. Pero otras, no. Otras sienten los deseos de aventura, de libertad, de romper amarras, de conocer nuevos lugares y gentes. Y, solas o en compañía de alguna amiga, se lanzan a sentir en la cara el ventarrón de la independencia. La inmensa mayoría aprenden pronto que la independencia tiene un precio muy alto. Demasiado alto en algunos casos. Pero eso entra en la misma naturaleza de esta vida, donde no hay nada gratis, aunque ese es otro tema de más enjundia. Lo que quería subrayarles es que ahora son ellas las que dejan la casa paterna. No los chicos. Con los chicos ocurre todo lo contrario: que no hay forma de echarles de casa, por mayores que sean. Con la carrera terminada y ganando ya, prefieren quedarse a que la mamá siga lavándoles las camisas y les ponga el plato favorito a la mesa. No soy sociólogo, pero presiento que este es uno de los mayores cambios de los últimos tiempos. Las emprendedoras, las arriesgadas, las aventureras son las mujeres.

No sé cómo será el mundo que harán, pero desde luego será distinto. Y dado como es el que hemos hecho los hombres, no será difícil que sea mejor.

(4 de diciembre de 1992.)

Una llama en la Moncloa

La última sorpresa que nos guardaba el presidente del Gobierno es que tiene una llama en los jardines de la Moncloa. Felipe González nos asombró ya un día al enterarnos de que cuidaba bonsáis en sus ratos libres. Ahora nos sorprende con lo de la llama, que, por cierto, se llama *Inti,* equivalente a Sol en quechua. Dios, el sol y los enanitos. Todo encaja y puede que en eso consista el felipismo. La llama es animal misterioso de las alturas sagradas de los Andes, donde los picos se entremezclan con las nubes, siendo difícil diferenciar el cielo de la tierra, como en el felipismo es difícil diferenciar el guerrismo de los renovadores. Gacela de montaña, tierna y arisca, la llama simboliza mucho mejor a Felipe González que ese gatazo con que algunos se empeñan en compararle. Nos lo imaginamos compartiendo sus soledades con ella, cuando está harto de las cabras de Rodríguez Ibarra, de las cornadas de unos o de los halagos de otros. La llama, tan callada, tan quieta, tranquiliza los nervios. Lo malo es que, últimamente, *Inti* andaba un tanto nerviosa, pues necesitaba un tipo de amor que Felipe González no podía darle. Menos mal que Chencho Arias tiene un «llamo» que la ha satisfecho. Aunque *Inti* no ha quedado todavía encinta, pese a todos los intentos y consejos de los mejores especialistas mundiales. Pero ese es un problema de más fácil solución que el de Filesa.

(7 de diciembre de 1992.)

Gibraltar

Vengo escribiendo sobre Gibraltar desde hace un cuarto de siglo. Asistí a los debates del Comité de los Veinticuatro, en los que se declaró que la Roca debía descolonizarse teniendo en cuenta «la integridad del territorio español y los intereses de sus habitantes». Repito: intereses, no voluntad, como tratan de tergiversar los ingleses. He conocido gobiernos españoles dispuestos a recuperar la colonia por las buenas o por las malas, enfrentándose a los británicos o negociando con ellos. Creo, por tanto, conocer un poco el problema. El problema de Gibraltar es a la vez muy simple y muy complejo. Muy complejo porque dura ya casi tres siglos y envuelve la dignidad de dos de las naciones más orgullosas del continente. Simple, porque Gibraltar ha perdido el sentido que hasta ahora tenía. Durante todo este tiempo, Gibraltar ha vivido de la Armada inglesa y del contrabando español. Pero la Armada inglesa ya no tiene que controlar el Mediterráneo y el contrabando es cada vez menos negocio en todas partes. ¿De qué va a vivir, entonces, Gibraltar, una roca pelada, sin agua, sin petróleo, sin riquezas naturales? Pues de España, naturalmente, como paraíso fiscal, lavandería del dinero negro y puerto franco con vistas a la Península. Esa es su pretensión, como la inglesa, y mientras tengan esperanza de conseguirlo, debemos despedirnos de que hagan la menor concesión. ¿Cómo se soluciona este problema? Pues olvidándonos de él. Pero de verdad. Echando el cerrojo y dejando a los ingleses pagar toda la factura de su colonia, ya que tanto la quieren. España puede vivir perfectamente sin Gibraltar. Pero Gibraltar no puede vivir sin España. Así de simple. Lo peor es seguir haciendo el primo como hasta ahora: permitiéndoles vivir de España, pero no en España.

(8 de diciembre de 1992.)

Mujeres violadas

Violaciones las ha habido en todas las guerras, comentan algunos cuando se habla de las mujeres bosnias violadas por las tropas serbias. Que las haya habido no justifica que las haya hoy. Ni siquiera lo justifica que, de llevar ventaja los bosnios, harían lo mismo con las mujeres serbias. Sencillamente, eso no puede ya admitirse. Estamos en 1992. Hay una carta universal de derechos humanos. Ha habido un juicio por crímenes de guerra. Han sido condenados algunos dirigentes por ello. Si los nacionalistas serbios y bosnios quieren matarse, que lo hagan, ya que parece que no hay forma de evitarlo. Pero hay normas que tienen que respetar, porque la humanidad no tolera ya su violación, nunca mejor usada esa palabra. Como en un momento determinado no se aceptó la esclavitud, hoy no se acepta que entre el botín de guerra se encuentre la violación de las mujeres enemigas. El nuevo orden internacional, el orden que emerge del final de la guerra fría, lo incluye. Y si los europeos, los occidentales, que nos creemos la vanguardia de la civilización, queremos ser merecedores de ese título, debemos establecer desde ahora mismo que ni siquiera la guerra, que da permiso para matar, autoriza la violación de una mujer.

(9 de diciembre de 1992.)

Cumbre de Edimburgo

Cuentan que nadie vende una burra vieja, coja y tuerta, mejor que Felipe González. Pero en Edimburgo no estuvo a la altura de su fama. En Edimburgo, nuestro presidente consiguió bastante menos de lo que pretendía. ¿Qué falló? Pienso que no la oratoria, que nunca le falla, sino la indumentaria. A Edimburgo, Felipe

González no debería haber ido de traje azul marino y corbata italiana. Tenía que haber ido de mendigo. O por lo menos con la famosa chaqueta de pana, que todavía debe colgar en alguno de sus armarios. Estoy seguro de que con ella se hubiera traído no ya los enteros fondos de cohesión, sino también la hucha donde John Major guarda las libras para sus próximas vacaciones y las mismísimas reservas del Bundesbank. Fue un fallo de guardarropía, no de política. En vez de tener como asesor a Carlos Westendorf, que viste como un *gentleman* británico, tenía que haber tenido a Antonio Mercero, que le convierte a usted en un pordiosero en menos que canta un gallo. Además, no creo que desentonase mucho en Escocia. Los escoceses tienen fama de dar la vuelta cuatro veces a los trajes y, además, pasárselos de padres a hijos. Quiero decir que en ningún lugar del mundo hubiese encontrado un público más entendido en el arte de sacar los cuartos a sus colegas de la Comunidad.

(14 de diciembre de 1992.)

Abucheos universitarios

Si hace tan sólo unos años nos hubieran dicho que los dirigentes socialistas iban a ser abucheados en una universidad, no lo creeríamos. La universidad eran ellos. Pero está ocurriendo, y no ocurre más porque los dirigentes socialistas empiezan a evitar la universidad como la bicha. Han abucheado al vicepresidente Serra en la Complutense, a Borrell en la de Santiago y al presidente González, hoy, en la de Alcalá. Y no han sido nostálgicos del viejo régimen. Han sido obreros y estudiantes, disconformes con su forma de gobernar. Es un fenómeno que noto siempre que doy una conferencia o firmo libros. El desprestigio del Gobierno es casi total entre la juventud más temprana, la de veinte años para abajo. Si se piensa, encaja. Esos chicos y chicas tenían diez años o menos cuando los socialistas llegaron al poder. No han conocido otra cosa que a ellos. Y han visto cómo abandonaban los principios, ignoraban la moral, creaban una nueva clase de ricos y dejaban florecer la corrupción. La juventud es idealista por naturaleza y este panorama tiene que asquearla profundamente. Y aunque no sea idealista, las perspectivas de trabajo que le ofrece el gobierno González son tan negras como una corbata de luto. Y llevarás luto por mí. Nadie se asombre de que Felipe González y sus ministros sean recibidos con pitos en la universidad. Las flautas las han puesto ellos. Ya no representan los ideales juveniles. Representan el sistema, la política sin imaginación y los intereses más retrógrados.

(17 de diciembre de 1992.)

Lotería navideña

Todos los periodistas españoles tenemos preparado para estas fechas un comentario sobre la lotería. Ya lo conocen de tantas veces oírlo: los españoles jugamos a la lotería no por vicio ni por capricho, sino por dignidad nacional. La forma más digna de hacerse rico en España es que le toque a uno el «gordo». Es posible, naturalmente, hacerse rico de otra forma. Teniendo un amigo en el Gobierno, por ejemplo. Esa sí que es lotería. Cuando Solchaga decía que este es el país donde más fácilmente puede hacerse uno rico, debía referirse a ello. Pero no todos tienen esa suerte. Por último, hay la forma tradicional de hacerse rico, trabajando. Pero eso no tiene la menor gracia ni mayor mérito. La gracia está en que un crío meta la mano en un bombo y, de todas las bolas que hay en él, vaya a sacar precisamente la que corresponde al número que hemos comprado nosotros. Eso sí que es mérito. Eso sí que significa estar designado por la fortuna. Los ricos de la lotería no son sólo ricos. Son mimados del destino. Y estoy seguro de que los otros ricos, los ricos por familia, por especulación o por el trabajo, les mirarán con un poco de envidia. De ahí la importancia de la lotería en nuestro país. Cuando un español le regala a otro un décimo, no le está regalando tres mil pesetas. Le está regalando los 30 millones que representan del número premiado. La lotería nos permite durante unos días ser espléndidos, hacer planes fastuosos y regalos millonarios. Por estas fechas, todos somos un poco Rockefeller. Lo peor de la lotería es que un día se acaba. El del sorteo. Ese día, los millones se esfuman y los millonarios en ciernes nos quedamos reducidos a los de siempre. De ahí que yo propondría una lotería de premios enormes, pero cuyo sorteo no se celebrase nunca. Así podríamos seguir pensando que somos millonarios potenciales indefinidamente. Estoy seguro de que sería un enorme éxito. Al menos, no habría que estar comprando un décimo de ilusión cada poco.

(21 de diciembre de 1992.)

Nochebuena

Llega uno a estas vísperas de Nochebuena con verdaderas ganas de dar buenas noticias. Está harto de fratricidios, catástrofes, violaciones, pelotazos, mentiras, corruptelas. Quisiera anunciar, dentro de su modestia, aquella máxima de la estrella, aún no superada por ninguna campaña publicitaria: Paz en la tierra a los hombres de buena voluntad. Pero resulta que en aquella tierra que llaman santa no hay paz. Hay unos hombres en tierra de nadie a los que tirotean desde ambos bandos. Resulta que aquí el partido del Gobierno juega al ratón y al gato con un juez que sólo quiere saber la verdad sobre su financiación. Resulta que otro juez ha encarcelado a los mandos de la brigada encargada de meter en la cárcel a los narcotraficantes. Resulta que los terroristas siguen matando y hay prelados empeñados en absolverlos. Resulta que se declaran en bancarrota empresas cuyos gerentes nadan en millones. Resulta que la portavoz gubernamental dice que su política es no decir nunca nada. Resulta que pese a Maastricht, Lisboa y Edimburgo, el mercado único, que iba a comenzar a funcionar el primero de enero de 1993, no va a empezar a funcionar ese día. Y todo el optimismo que sentía uno, todas las ganas de contar buenas noticias descienden a la velocidad de la peseta. Pero miren ustedes por dónde uno encuentra incluso en esas noticias motivo de esperanza. Los palestinos desterrados pueden hacer más por su causa en esa tierra de nadie que matando israelíes. Los terroristas están dejando sin coartada incluso a los más proclives a la absolución. Hay jueces que resisten las presiones del poder. Los empresarios del pelotazo están recibiendo éste de rechazo en la cara. Europa se unirá con o sin Maastricht. Y la portavoz gubernamental es mejor que no diga nada, pues si se pone a decirlo hay que echarse a temblar. Quiero decir que, pese a todo, avanzamos. Avanzamos incluso cuando parece que retrocedemos. Avanzamos corrigiendo nuestros errores, denunciando nuestras corrupciones. Es la magia de la democracia. ¿O sólo la magia de la Nochebuena?

(23 de diciembre de 1992.)

Mil novecientos noventa y dos

Los chinos, como saben, ponen nombres de animales a los años: Año del Mono, Año del Tigre, Año del Cangrejo. Aunque vayan ustedes a saber qué entienden exactamente los chinos por tigre o cangrejo. Nosotros, los occidentales, no somos tan sutiles, y cuando llega un año excepcional, le llamamos Año de la Victoria o Año Horrible, como acaba de bautizar Isabel de Inglaterra a 1992, a punto de terminar. Felipe González, en cambio, le ha llamado un buen año. La realidad es que lo habían concebido como una especie de Décimo Año Triunfal, con Expo y Olimpiadas, y ha resultado el año de Filesa, Macosa, Ibercorp y demás enjuagues. Un castizo diría que ha sido el año del tiro por la culata. Un filósofo, el año de la verdad. Querían hacernos creer que todo iba de maravilla, que pertenecíamos al club de los ricos, que la peseta se codeaba con el marco y con el dólar, y hemos terminado con la peseta devaluada dos veces, con KIO en bancarrota y con el juez en la central del PSOE. Pero la verdad es siempre más higiénica que la mentira. Al menos ahora sabemos dónde estamos, lo que es una buena plataforma para construir seriamente el futuro. Mil novecientos noventa y tres va a ser un año duro. Habrá más paro, menos crecimiento, más deudas, menos lujos. Pero nos va a dar la oportunidad de reflexionar seriamente qué somos y de ajustarnos a nuestras reales posibilidades. El símbolo de 1993 no van a ser las mansiones, los yates e ir de compras a Nueva York. Va a ser cómo sobrevivir con menos, cómo estirar lo que hay, cómo buscar en la familia y los amigos lo que antes comprábamos fuera. Naturalmente, si somos capaces de olvidarnos del gran farol del 92.

(30 de diciembre de 1992.)

Enero de 1993

Nunca pasa nada

He pasado una semana en Nueva York y noto que han pasado muchas cosas importantes en Estados Unidos en los últimos tiempos. Bush, en las postrimerías de su mandato, ha estado a punto de ir de nuevo a la guerra con Saddam Hussein. Clinton, a punto de entrar en la Casa Blanca, perfila su estrategia de gobierno. Las tropas internacionales intentan consolidar la pacificación de Somalia. Apuntan los primeros indicios de recuperación económica norteamericana. La ONU busca afanosamente, sin mucho éxito, eso sí, poner fin a la carnicería en Bosnia. Mientras aquí, en España, no ha pasado absolutamente nada. Encuentro esto como lo dejé. Con el juez Barbero afilando la navaja frente a la sede del PSOE. Aznar diciendo que ganará las próximas elecciones. González asegurándonos que busca otra vez la mayoría absoluta. La mayoría absoluta no la va a ganar. Contento puede darse con ganar la relativa. Pero tiempo habrá de hablar de ello este año que empieza. Quería sólo decirles que uno falta de Estados Unidos un año, un mes, una semana, y nota que ha cambiado todo. Mientras que aquí se marcha uno un año, un siglo, vuelve, y, como el monje de Berceo que se quedó dormido, se lo encuentra todo igual.

(11 de enero de 1993.)

Progresistas

Una de las mayores barbaridades que se han dicho en España durante los últimos tiempos es la de aquel concejal madrileño, de cuyo nombre no quiero acordarme, que aseguraba que Madrid había alcanzado su grado de expansión máximo, por lo que no era necesario dotarle de mayor infraestructura. Dicho y hecho. Ni más vías rápidas, ni más aparcamientos, ni más nada. Eso sí, mucha marcha, muchas fiestas, mucha movida. El resultado lo están viendo ustedes: Madrid revienta por los cuatro costados, y una de las ciudades más simpáticas del mundo se está convirtiendo en una de las más incómodas. Esta mentalidad «progresista» es la que dominó la gestión socialista en sus comienzos. Las autopistas eran para ricos, así que no había que construirlas. Tuvimos los españoles que empezar a morir como somalíes por esas carreteras para que nos pusieran siquiera autovías. Según la misma filosofía, los pantanos eran franquistas, así que ni uno más. Hasta que se dieron cuenta de que no había agua para todos. Sobre todo desde que los ex ministros empezaron a construirse mansiones con dieciséis cuartos de baño. Pero nos dicen que no hay mucho dinero para este tipo de obras. ¿Adónde se han ido los billones de pesetas que nos han sacado a todos estos años en impuestos? A obras faraónicas como el AVE. Con algunos milloncejos perdidos aquí y allá. Mejor le hubiera servido a Sevilla un plan que le garantizase el suministro de agua que la

Expo, flor de una temporada. Pero como diría el ex concejal madrileño: «Total, no vamos a crecer más.» Se olvidó de añadir: «Excepto nuestra cuenta corriente.»

(12 de enero de 1993.)

Caudillismo

Ya saltó la palabra maldita: caudillismo. Con clara alusión al liderato de Felipe González. No la lanza la oposición. Ni la prensa. La lanza uno de los hombres más recios y abismales del PSOE: Juan Carlos Rodríguez Ibarra. La lanza como un pedrusco contra el sector «renovador», apoyado por González. Sin querer darse cuenta de que puede convertirse en un *boomerang*. Lo único que mantiene unido al PSOE es precisamente Felipe González. En el resto, son dos partidos que poco tienen que ver el uno con el otro. Por un lado, los guerristas, con todos los tópicos del viejo socialismo. Por el otro, los renovadores, que, después de quitar al PSOE la O de obrero, parecen dispuestos a quitarle la S de socialista. Mientras ganaban elecciones, todo iba bien, las dos ramas podían convivir. Pero con el desgaste, los escándalos, la corrupción, llegan la crisis y el nerviosismo. El peor enemigo del PSOE empieza a ser el PSOE. Que es lo más grave que puede ocurrir a cualquier partido. Que se lo pregunten, si no, a UCD.

(13 de enero de 1993.)

Jugar con la justicia

«No se puede jugar con la justicia, como ha hecho el Partido Popular intentando llevar el asunto KIO a los tribunales.» Quien ha dicho esto es el líder de un partido cuyo segundo hombre había «enterrado» a Montesquieu, que es tanto como enterrar la justicia. Que ha nombrado un fiscal general del Estado violando las normas de tal nombramiento. Que obstaculiza la labor de un juez que trata de investigarlo. Que ha copado con gente amiga las altas instituciones judiciales. Si hay un partido en España que ha tratado no ya de jugar, sino de ajusticiar a la justicia, es el PSOE. A la postre, va a ser su perdición, o eso quiero creer. Porque si la justicia calla es que no hay democracia en España, y entonces, apaga y vámonos. Pero yo creo que la hay, aunque débil, e incierta, e inmadura. Pero la hay. Y con la arrogancia del PSOE no va a acabar la oposición. Ni la prensa. Tendrán que acabar los jueces. Por eso Felipe González tiene tanto miedo a que el Partido Popular lleve el caso KIO a los tribunales. Sabe que del Parlamento no tiene nada que temer. Que los periodistas ladramos, pero no mordemos. Pero los jueces son otra cosa. Como los jueces se pongan en serio a investigar los chanchullos que se han cometido aquí los últimos diez años, va a ser Troya. Por eso González anda nervioso. Lo demuestra que ha abandonado las alturas olímpicas para bajar a la arena. En adelante, le veremos enzarzarse en luchas callejeras, usando todo tipo de armas y trucos. Tiene que ganar como sea. Y quiere a los jueces fuera. Lo que advierte que la pelea de este año será sucia.

(14 de enero de 1993.)

Hillary en la Casa Blanca

«Es una de las nuestras», gritaba una feminista viendo a Hillary Clinton casi tomando posesión con su marido. Si el nuevo presidente representa la llegada al poder de una nueva generación de norteamericanos, su esposa representa un nuevo tipo de primera dama.

Con ella llega a la Casa Blanca la «mujer nueva», la mujer tan profesional, tan independiente, tan inteligente como su marido. Como que hasta ahora ganaba más que él. En cuanto a inteligencia, las mujeres han tenido siempre tanta o más que los hombres. Pero tenían que disimularlo. No más. Al menos Hillary no hace nada por disimularlo. Lo que representa una ventaja y una desventaja para su marido. No hay duda de que Hillary Clinton le atrajo el voto de todas aquellas norteamericanas que no se contentan con ser madres de familia y amas de casa, aunque lo sean. Quieren al mismo tiempo ser consideradas una igual, ejercer una profesión, tener éxito. La abogacía, en su caso. Todas ven en ella a su heroína. Mientras algunos norteamericanos la ven como un reto. Piensan que, aunque le han elegido a él, la presidenta será ella. Y temen a esta mujer tan lista, tan preparada, tan intensa. Otros, en cambio, dicen que su marido debería darle una cartera ministerial. Y la mayoría, simplemente, espera. No es, sin embargo, la primera vez que los norteamericanos tienen una primera dama activista. Eleanor Roosevelt y Rosalynd Carter lo fueron. Pero es la primera vez que ella parece tener más peso intelectual e incluso más energía que él. Y eso suena a amenaza para muchos hombres. Aunque si Hillary Clinton es tan inteligente como parece, no va a refregárselo por las narices y, en cambio, sabrá encontrar el término medio entre la primera dama que es y la Margaret Thatcher de la izquierda que nos anuncian.

(20 de enero de 1993.)

Guerra de impuestos

Felipe González ha sugerido que si las autonomías quieren más dinero, que graven a sus ciudadanos, en vez de pedirle al Gobierno central que les traspase una parte del impuesto sobre la renta. Es una sugerencia envenenada. El gravamen fiscal en España ha llegado al máximo bajo los socialistas, y todo aquel político que se atreva a aumentarlo no sólo hundirá la economía, sino también perderá las próximas elecciones. Que es lo que puede estar pensando el presidente. Lo lógico sería que el Gobierno central cediese a las autonomías parte del dinero que recauda, junto a las correspondientes responsabilidades, como había prometido Solchaga. Pero González se resiste por dos razones: porque no tiene dinero —se lo ha gastado todo, el Estado español está de hecho en la bancarrota; vayan a cobrar una factura a cualquiera de sus ventanillas y verán— y porque quiere tener a las autonomías de la correa, dándoles o no dándoles dinero según se porten. A fin de cuentas, quien tiene el dinero tiene el poder. Y él no lo cederá a no ser que no tenga otro remedio. En cuanto a gravar por su cuenta y riesgo las autonomías, sus presidentes saben que sería tanto como ponerse la cuerda al cuello. Y, además, con razón. Pues en eso del malgasto no tienen nada que envidiar al Gobierno central.

(22 de enero de 1993.)

Coches usados

Ustedes y yo creíamos que los españoles estábamos demasiado gravados para que el fisco se atreviera a gravarnos aún más. No conocíamos a nuestra Hacienda, al lado de la cual los buitres son ruiseñores. Hacienda se ha sacado de la manga un aumento del impuesto sobre los coches usados que une la burla al atraco. Para disimular la subida sustancial en la venta de coches con menos de cuatro años —los que más se venden— ha concedido una pequeña rebaja en el impuesto de los que tienen entre seis y diez años. Y es que no sabe ya de dónde sacar dinero. Sin la menor consideración. Quienes compran los vehículos usados son los sectores más débiles de la población, los jóvenes, los trabajadores en el primer empleo, los conductores con el primer coche. En teoría, gentes a quienes el PSOE debería defender. Pero estos socialistas sólo se defienden a sí mismos. Les ha pasado lo que a esos que se lo han gastado todo en una juerga y ahora andan dando sablazos a diestro y siniestro. Ya verán. Este no va a ser el último impuesto que suban. Estos no paran hasta sacarnos la última peseta, después de habernos sacado las últimas ilusiones.

(25 de enero de 1993.)

Hacerse rico en España

Pues tenía razón Carlos Solchaga cuando decía que España es el país donde más fácilmente podía hacerse uno rico. Fíjense: monta usted una empresa con 90.000 pesetas de capital, y poco después recibe comisiones por 825 millones. O más fácil todavía: monta usted un despacho de consultas. Ofrece informes a las mayores firmas del país y éstas le pagan 1.100 millones de pesetas por informes que ni siquiera tiene necesidad de suministrar. Díganme ustedes en qué lugar del mundo se hace dinero más fácil. Me dirán que hay un pequeño inconveniente: que para crear ese tipo de empresas hay que ser del PSOE. Pero del PSOE puede hacerse cualquiera. Lo que ocurre es que los españoles somos muy cerrados y no vemos las oportunidades. Lo que tendría que hacer el PSOE, en vez de meterse con el juez Barbero y negar cualquier vinculación con Filesa y Tecnología Informática, es proclamarlo a voz en grito. Ponerlo en sus carteles electorales. Demostrar que ellos fabrican Morgans y Rockefellers a mayor velocidad que Estados Unidos. España, país de las oportunidades. Vendería mucho en Asturias. O en Cartagena. Incluso en Castilla y León.

(26 de enero de 1993.)

Hombres-lobo

Los niños y niñas de mi generación crecimos con el miedo al lobo. O al ogro. O al sacamantecas. «No te vayas lejos, que el lobo te comerá», nos decía nuestra madre, entre amorosa y recelosa. No era, desde luego, agradable crecer con este miedo a lo desconocido, con ese pavor a todo lo que estuviera más allá de nuestro entorno. Nos hizo recelosos y desconfiados, suspicaces y ariscos. Los modernos psicólogos dijeron luego que aquella no era forma de educar a los niños, que había que desarrollar en ellos la confianza en los demás, la seguridad en sí mismos. Así se ha hecho, y las últimas generaciones son mucho más abiertas, confiadas, optimistas. Lo peor es que hay lobos. No son una invención de nuestras madres. Hay lobos con disfraz humano, como el de Caperucita, peores todavía que los lobos naturales. Al menos éstos no matan nunca a sus crías. Los hombres-lobo, sí. Están al acecho en las escuelas, cines, discotecas, en busca de víctimas. La combinación de la libertad que goza hoy la juventud y la capacidad de movimiento que tienen estas fieras desemboca a menudo en drama. La crónica de sucesos de los últimos tiempos está llena de ellos. Yo no pido que se vuelva a lo del «Cuidado, que te comerá el lobo». Pero estoy por que se ejerza más control y dureza sobre ellos. No son delincuentes como los demás. Bastantes son conocidos, pues suelen reincidir. Hasta qué punto son enfermos nos lo tienen que decir los médicos. Lo que no puede consentirse es que sigan acechando en nuestra sociedad, en busca de presa. Eso no lo consienten ni los lobos.

(27 de enero de 1993.)

Democracia y responsabilidad

El otro día, una de mis colaboradoras, camino del trabajo, se salvó de milagro cuando un camión ante ella empezó a soltar los contenedores mal sujetos que transportaba, produciendo una colisión en cadena. Ayer, seis personas murieron al desplomarse la marquesina de un cine madrileño, sobre la que se había puesto un peso considerable. Esta es la España de nuestros días. Se me dirá que la de siempre. No me importa. Lo que importa es el hoy. Seguimos siendo un país de pícaros y chapuzas. Nada de un país europeo. Un país donde nos jugamos la vida conduciendo un coche o yendo por la calle, porque son muchos los que violan las normas y muy pocos los que las hacen cumplir. Un país donde falta responsabilidad entre los ciudadanos y ejemplo entre las autoridades. Si democracia es, a la postre, responsabilidad, aquí hay muy poca. Mientras impera la ley del más fuerte, del más osado o del mejor relacionado. Este Gobierno nos prometió una España que funcionase. Lo único que aquí funciona son las chapuzas, las comisiones y las secciones de sucesos. Ahora que esas, estupendamente.

(28 de enero de 1993.)

Alcàsser

La indignación no es la mejor consejera para actuar, y España toda se encuentra indignada por el triple crimen de Alcàsser. Indignación justificada. Pero tampoco conviene que se ventile en ira y sentimentalismo. Alguna lección tenemos que sacar de ello. Y la primera puede ser una actitud más realista ante los delitos sexuales. El delincuente sexual, ¿qué es? ¿Un criminal o un enfermo? Y, tanto o más importante, ¿tiene o no recuperación? Si es un criminal, trátesele como tal, pero que al menos pague su pena íntegra, como los terroristas y narcotraficantes, ya que su crimen es tan odioso como el de éstos. Si es un enfermo, intérnesele en un asilo hasta que deje de ser un peligro para la sociedad. Con lo que llegamos a la segunda cuestión. ¿Es o no recuperable? Eso tienen que decidirlo los expertos, los médicos y psicólogos, aunque la experiencia arroja que la inmensa mayoría reincide. El último motor de sus actos puede incluso no ser el sexo, sino el dar vía libre a su instinto de agresión, y subrayar así su superioridad sobre la víctima y la sociedad de la que se siente excluido. ¿Qué hacemos con esta gente? Porque lo que no podemos hacer es seguir discutiendo si son galgos o podencos, para encontrarnos con una tragedia como la de Alcàsser cada tantos meses.

(29 de enero de 1993.)

Febrero de 1993

El futuro de España

«La política de los próximos años va a consistir en puestos de trabajo, puestos de trabajo y puestos de trabajo», le oí a un economista norteamericano esta mañana. Creo que pocos estarán en desacuerdo con él. Eso es lo que va a decidir si los países marchan, si las sociedades funcionan y si los políticos ganan las elecciones. La economía. ¿Y cómo va la economía española? Hasta ayer, como quien dice, parecía viento en popa. Hoy se ve mucho menos clara. Agricultura y ganadería han sido sacrificadas a Europa. Mientras, nuestra industria, al decir del presidente del INI, lucha contra su pequeña dimensión, su primitiva gestión, su estrechez financiera y su falta de proyección internacional. Total, que se va a quedar reducida a la casi nada, y lo que quede se lo tragarán las multinacionales, como ya está ocurriendo. ¿A qué podemos aspirar, pues, con una agricultura sacrificada y una industria colonizada? Pues a ser un país de servicios. Lo grave es que España se ha convertido en un país caro, y los servicios que podemos ofrecer empiezan a estar fuera del alcance del europeo o norteamericano medio, al menos mientras la peseta esté tan alta. ¿De qué vamos a vivir, entonces, si el campo se deja baldío, las fábricas cierran y los turistas no llegan? Eso es lo que quisiera que me contestasen los que gobiernan y los que aspiran a gobernar. Si pueden.

(1 de febrero de 1993.)

Los culpables de Alcàsser

Los españoles nos preguntamos cómo pudo ocurrir la tragedia de Alcàsser. Y los más directamente afectados se echan las culpas unos a otros. La policía, a los jueces. Los jueces, a la policía. Los sociólogos, a los periodistas. Los periodistas, entre sí. Sin querer darnos cuenta de que todos somos culpables. Son culpables los jueces, por tener más en cuenta los derechos de los delincuentes que los de las víctimas. Son culpables los policías, por no tomar suficientemente en serio las detenciones de los buscados, tal vez pensando que mañana estarán en la calle. Somos culpables los periodistas, por ver sólo el aspecto más espectacular de estas tragedias, sin entrar nunca en su fondo. Y la culpa alcanza, por mucho que nos duela, a los padres, por dejar marchar a las tantas a sus hijos e hijas, en vez de ser ellos los que las llevan y traen de las discotecas. Pero, sobre todo, es culpable la ley. Sí, la ley. En España, hoy, delinquir es demasiado barato. De las penas, se cumple la mitad, y a partir de la cuarta parte, ya se está gozando de toda clase de permisos y vacaciones. Como si ir a la cárcel fuera ir a la mili. Hemos acabado con la pena de muerte legal y hemos agilizado la ilegal. De este estado de cosas somos culpables todos: jueces, políticos, policías, periodistas, la sociedad en general. En vez de admitirlo y buscarle remedio, nos hemos puesto a hacer una de las cosas que más nos gusta a los españoles: echarnos las culpas unos a otros. Hasta la próxima.

(2 de febrero de 1993.)

González en el *Washington Post*

Mi fe en el periodismo norteamericano se ha visto seriamente dañada por la entrevista que el *Washington Post* ha hecho a Felipe González. Dice en ella nuestro presidente que bajo su gobierno ha habido menos corrupción que nunca en España. Y ese marmolito de entrevistador le deja escapar sin ninguna alusión al vicepresidente, que tuvo que dimitir por ponerle un despacho ilegal a su hermano, como se pone un piso a una querida. Ni al ministro despedido por especular con terrenos de una empresa pública. Ni al ya famoso juez Barbero, con su secuela de registros en busca de la financiación irregular del partido del Gobierno. Ni a uno solo de los muchos escándalos que adornan diariamente los titulares de la prensa española. Nada. Ni una palabra. Uno no sabe qué admirar más, la desfachatez del entrevistado o la ignorancia del entrevistador. Ahora sí que me explico la decadencia norteamericana. Este currito del *Washington Post* es el descendiente de aquellos reporteros que descubrían escándalos bajo los mismísimos sillones del despacho oval y hacían temblar a los hombres más poderosos del país. Nada de extraño que los norteamericanos estén perdiendo la carrera con los japoneses. Al menos a este enviado del *Post* le han engañado como a un chino.

(3 de febrero de 1993.)

El Supremo apresura a Barbero

Si alguien debería saber que no debe apresurarse a un juez son los jueces. De ahí que resulte alarmante que, habiendo miles de causas empantanadas en los juzgados, el Tribunal Supremo haya metido prisas precisamente a aquella más complicada y trascendente: la de Filesa, que debe aclararnos si desde el partido gubernamental se estaba cobrando una especie de impuesto revolucionario a las grandes empresas del país. La prisa es la gran enemiga de los procedimientos judiciales. Nuestro refranero está lleno de alusiones al respecto: «La justicia va en carreta, pero llega.» «La justicia no anda aprisa, pero pilla.» «Las muelas de la justicia muelen despacio.» Y miren ustedes por dónde, todos unos señores magistrados del más alto tribunal de la nación instan a un juez a que acelere sus diligencias. A un juez, además, que tiene sobre sí cientos de miles de folios de un caso complicadísimo, de informes desaparecidos, contabilidades fantasmas, las mayores empresas del país y, de propina, el partido del Gobierno. Desenredar esa enorme madeja lleva tiempo, mucho tiempo. ¿Cuánto? Sólo puede decírnoslo el juez instructor. Cualquier otra cosa son ganas de que el asunto no se desenrede. Dejemos, pues, al juez Barbero cumplir sus obligaciones sin presión alguna, incluida la del tiempo. Y si el Supremo siente prisa, como todos, por saber qué hay al fondo del asunto, lo que tiene que hacer es dotar a Barbero de más medios y más gente, como él ya ha pedido.

(4 de febrero de 1993.)

Congreso del PP

Este congreso del Partido Popular es distinto a todos los anteriores. Por primera vez, puede ganar las próximas elecciones. Mejor dicho, el PSOE puede perderlas. Si nos lo hubiesen dicho hace un año, nos hubiéramos echado a reír. Pero también Bush tenía un 90 por 100 de los votos un año antes de las elecciones, y ya vieron. El desgaste del PSOE, sus luchas internas y los escándalos continuados han creado una dinámica difícil de detener. Y cuanto más tiempo pase, más se acelerará esa dinámica. La siguiente pregunta es: ¿está el PP preparado para gobernar? Nadie lo sabe. Ni él mismo. Gobernar, aparte de una ciencia, es un arte. Y la capacidad artística es difícil de medir hasta que se practica. Mucho va a depender de que sepa diagnosticar la situación en nuestro país. ¿Cuál es el mayor problema de España? La economía, dirán muchos. Pienso que no. Es la corrupción. La corrupción se ha enquistado en el tejido social español, como un sida que debilita todas sus defensas. Si no se la desarraiga, terminará corrompiendo la médula de nuestra tierna y débil democracia, como ha ocurrido en Italia. Más que con un programa económico, Aznar nos tiene que convencer con un programa regeneracionista. Hasta cierto punto, necesitamos una nueva transición, un nuevo cambio, que devuelva a los españoles el orgullo de serlo y la ilusión de participar en un esfuerzo común. Algo que sólo puede venir del ejemplo, la humildad y la disposición a abandonar el poder en cualquier momento. En otras palabras: para convencernos de que merece gobernar, el PP tiene que demostrarnos que no va a hacer lo que ha hecho el PSOE. En otro caso, los españoles nos atendremos al refrán de que más vale mal conocido que bien por conocer.

(5 de febrero de 1993.)

Viaje a Oriente

Cuantos más problemas tienen en casa, más lejos se van los políticos. Es una ley matemática. Y si no, que se lo pregunten a Bush. Felipe González se ha ido nada menos que a la India y a la China. A abrir mercados, nos dicen. No acabo de imaginarme a nuestro presidente como un moderno Marco Polo. Es verdad que nos ha vendido a los españoles durante diez años que vivíamos en el mejor de los mundos, hasta que nos dimos de narices con la recesión. Consiguió también vender a los europeos que éramos un país de primer orden, hasta que en Edimburgo les dio el sablazo. Pero con indios y chinos va a tenerlo bastante más difícil. No sé si ustedes habrán regateado alguna vez con un indio. Mi experiencia se limita a las tiendas que tienen en la Quinta Avenida neoyorquina, y no se lo aconsejo a nadie, a no ser que le gusten las emociones fuertes. Entra usted en una de aquellas tiendas dispuesto a llevarse lo que ha visto en el escaparate a tal precio, y sale con todo lo que no quería y la cartera vacía. En cuanto a los chinos, ni se les ocurra. Un chino le dice a usted sonriente a todo que sí, y a la hora de la verdad resulta que no hay nada de nada. Felipe González no sabe con quién se juega los cuartos. Nuestros cuartos. Porque, eso sí, él juega siempre con nuestro dinero.

(10 de febrero de 1993.)

KIO

De cuantas cosas sorprendentes se han oído en España los últimos días, la que bate el récord es la que dijo don Carlos Solchaga en el Congreso: que nuestro Gobierno no supo hasta finales del 92 que KIO pertenecía al Gobierno kuwaití. Sólo le faltó añadir que se enteraron el 28 de diciembre. Que KIO pertenecía al Gobierno de Kuwait lo sabía todo el mundo. Estaba en todas las revistas, especializadas o no. Bastaba incluso saber un poco de inglés: K-I-O, Kuwaiti-Investment-Oversee. Inversiones Transmarinas Kuwaitíes. Y resulta que el Gobierno español no lo sabía, por lo cual no exigió la autorización del Consejo de Ministros que se requiere para las inversiones gubernamentales en nuestro territorio. Pero si no lo sabía, ¿por qué se reunió Solchaga, en otoño del 87, con el ministro de Finanzas kuwaití para tratar de dichas inversiones? ¿Por qué enviaron en noviembre pasado al secretario de Estado de Economía a Kuwait para negociar con aquel Gobierno los problemas de KIO, si el Gobierno nada tenía que ver con KIO? A don Carlos Solchaga no debieron decirle de niño que las mentiras tienen las patas muy cortas. La realidad es que el Gobierno González, después de haber presumido de haber atraído a España las inversiones kuwaitíes, trata ahora de eludir responsabilidades en su hundimiento. Oyendo estas cosas, perdemos la esperanza de saber algún día lo que ocurrió realmente en KIO. Si no somos capaces de conocer su origen, que parecía tan simple, menos vamos a conocer las causas de su desplome.

(12 de febrero de 1993.)

Pantanos

No les descubro nada si les digo que nuestros políticos nos mienten. Lo que no saben es que mienten también a los extranjeros. Al lado de las bolas que meten fuera, lo que cuentan aquí dentro son trolas de chiquillo. Felipe González, sin ir más lejos, acaba de decir a un corresponsal extranjero, Eugene Robinson, que un 20 por 100 de todos los pantanos y obras hidráulicas construidos en España desde el siglo XV han sido hechos bajo su mandato. Y el tal Robinson se lo ha creído a pie juntillas, contándoselo a sus lectores norteamericanos. Cuando ustedes saben muy bien que bajo el mandato socialista no se ha construido ni una sola presa importante. Por este camino, Felipe González va a ser el constructor del Acueducto de Segovia, El Escorial, la Sagrada Familia y hasta del Valle de los Caídos. Asombra que haya podido transcribirse algo así sin chequearlo previamente. Pero la culpa principal recae en quien dio esa información trucada. Es verdad, como dijo Camba, que el político miente como el buey muge o la gallina cacarea: instintiva, naturalmente. Pero hay mentiras y mentiras. Y esta es demasiado gorda. Felipe el de los pantanos. Suponemos que, entre sus obras, no incluirá la presa de Tous.

(15 de febrero de 1993.)

Conferencia Episcopal

Ya sé que voy a meterme en un buen lío, pero ¿qué quieren?, es el tema del día y hay que abordarlo. Monseñor Yanes al frente de la Conferencia Episcopal Española. Los especialistas lo interpretan como un alejamiento de las directrices de Roma. Hay quien se asombra. Olvidan que la Iglesia española nunca ha ido al mismo paso que el Vaticano. Unas veces, hemos sido más papistas que el Papa; otras, hemos entrado a saco en Roma. El caso es que nunca sincronizamos. Aunque lo que ahora importa es si monseñor Yanes se adapta no a los aires vaticanos, sino a los aires españoles. Nuestro país atraviesa un momento delicado. ¿Cuál es el papel de la Iglesia en él? Nuestra mayor carencia no es política, sino moral. Políticos tenemos de sobra. Lo que nos faltan son ejemplos vivos, hombres y mujeres que conciban la vida pública como un servicio a los demás, no como una fuente de ventajas para ellos, sus familiares y amigos. La Iglesia tiene que ser hoy más universal, generosa, rigurosa y ética que nunca. Y menos parroquial que en cualquier otro momento. Es posible que haya obispos que crean que lo más urgente sea crear su propio cónclave o defender cierta parcela de la vida pública. Están en su perfecto derecho. Pero no se asombren entonces si se les trata como otra asociación de intereses particulares. No sólo en la India necesitan a la madre Teresa. Aquí necesitamos también alguien que nos dé ejemplo de entrega a los demás. Si monseñor Yanes lo consigue, el que siga de cerca o de lejos a Roma sería, pienso, secundario.

(16 de febrero de 1993.)

Millonarios en bancarrota

En España están ocurriendo últimamente cosas sorprendentes. Y entre ellas, una de las más asombrosas es que se hundan empresas mientras sus dueños se enriquecen. Lo que es la vuelta de todos los principios capitalistas. Se suponía que la suerte de una empresa y la de sus dueños corrían paralelas. Si subía la una, subían los otros, y viceversa. Pero en este país de pícaros y milagros que sigue siendo el nuestro, ocurre todo lo contrario: cuantos más millones deja debiendo una empresa, más millones tienen quienes estaban al frente. ¿No les parece a ustedes un poco raro? Sobre todo cuando dichos directivos han hecho negocios extrañísimos, no con otras empresas, sino con la suya propia, autocomprándose y autovendiéndose, en una maraña de operaciones tan complejas como sospechosas. Todo ante la pasividad de unas autoridades financieras que sólo se han dado cuenta de ello cuando el entero edificio se ha desplomado. Se nos dice entonces que no hay legislación para impedir tales manipulaciones. Y es lícito preguntarse para qué pagamos a unos legisladores incapaces de regular algo que evite que unos cuantos listillos se hagan ricos dejando a miles de personas en la calle y a otras sin sus ahorros. Porque los capitalistas de Solchaga son muy especiales: en vez de arruinarse con las bancarrotas, se hacen todavía más multimillonarios con las quiebras. Eso no se le había ocurrido ni al mismísimo Adam Smith.

(17 de febrero de 1993.)

Socialismo de derechas

¿Cuál es el futuro del socialismo? La cárcel. El chiste llega de Italia, pero es aplicable a todos los países mediterráneos. Desde Grecia a Francia, los socialistas se enfrentan, no a la oposición, sino a la corrupción. En algunos sitios se les tolera, en otros, no. Ellos, que se presentaban como espejo de honestidad y fuerza del futuro. ¿Cómo ha podido ocurrir? Pues muy sencillo. Con el hundimiento del comunismo, los socialistas decidieron ponerse al día adoptando una serie de recetas capitalistas. Lo malo es que cogieron del capitalismo lo peor, la ganancia a cualquier precio, conservando lo peor del socialismo: la dependencia del Gobierno. La combinación ha sido un capitalismo de Estado, que va desde el despacho de Juan Guerra en la Delegación del Gobierno en Andalucía a la especulación de terrenos en San Sebastián de los Reyes a cuenta de Renfe, pasando por el uso de información privilegiada en Ibercorp y el chantaje de Filesa. Nuestro socialismo de derechas tiene lo peor del socialismo y de las derechas. Su lema, desde Grecia a Francia, ha sido: ¿para qué trabajar si uno puede hacerse millonario con unas cuantas conexiones? Y si el país se arruina, la culpa es del país. El hundimiento del comunismo tuvo mucho de drama.

El hundimiento del socialismo está teniendo mucho de farsa. Como que puede acabar, como dice el chiste italiano, cantando entre rejas.

(18 de febrero de 1993.)

Ediciones municipales

Me han enviado un libro espléndido. Papel cuché. Impresión cuidadísima. Fotos de primera. Pero es un libro que no sirve para nada. Es la recopilación de los actos culturales en Madrid del 92. ¿A quién le importa? Este libro tiene la misma importancia que un periódico de ayer. Sólo que cuesta bastante más. A ojo de buen cubero, sale a mil pesetas ejemplar. Si se han tirado diez mil, resultan diez millones de pesetas. Diez millones de pesetas tiradas por la ventana. Y lo edita el Ayuntamiento madrileño. Un ayuntamiento del Partido Popular. Estábamos acostumbrados a que los socialistas gastasen alegremente nuestro dinero. Pero esto es como el tebeo del PSOE. Un tebeo de lujo. Y España no está ni para tebeos ni para lujos. Aznar debe empezar a cuidar estas cosas. Pues si los populares nos salen con los mismos hábitos que los socialistas, puede que sean bastantes los españoles que prefieran irse de excursión el día de las próximas elecciones.

(19 de febrero de 1993.)

Ley de huelga

Que necesitábamos una ley de huelga no lo discutía nadie. Pero lo que ha hecho el grupo socialista no es una ley de huelga. Es una ley de paro. El hecho de que la haya pactado sólo con los sindicatos, al margen de la patronal, ya es alarmante. Alarma que aumenta al ver que ni garantiza el derecho de los que quieren trabajar, tan legítimo como el de los que no quieren, ni regula la actuación de los piquetes informativos, claves para que la huelga no se convierta en un chantaje. Esta ley sienta a nuestra economía como una bala a cualquier cabeza. Mucho apunta que, con las elecciones ya barruntándose, el PSOE ha tratado de reconquistar el voto obrero que se le estaba yendo, sin tener en cuenta los intereses generales. La combinación de la crisis profunda que atravesamos y esta ley de huelga resulta explosiva. A las empresas que no las cierre la crisis, puede cerrarlas la huelga.

(22 de febrero de 1993.)

Rumasa

Diez años de la expropiación de Rumasa, y parece que fue ayer. Parece que fue ayer porque ¡todo es tan actual! De hecho, en Rumasa empezó todo. La gloria y la caída. Rumasa es el pecado original del felipismo. Del mismo modo que, por haber ganado la guerra, Franco creyó que España le pertenecía, los socialistas creyeron que España era suya por haber ganado las elecciones. Los diez millones de votos les daban derecho a hacer lo que les diera la gana. Por lo pronto, se saltaron a la torera la Constitución, que garantizaba la propiedad privada. Tras ello, no hubo más remedio que desprestigiar al Tribunal Constitucional, forzándole a aprobar lo inaprobable. Lo que obligó a su presidente a exiliarse por segunda vez de pura vergüenza. Siguieron las «privatizaciones», un reparto entre amiguetes, con negocios de república bananera. Y tras haber aprendido lo fácil que es hacer dinero al amparo del poder, ¡hala!, a sacar cuanto se podía. La corrupción actual es la secuela de Rumasa, la venganza de Ruiz-Mateos, los lodos que trajeron aquellos polvos. Rumasa marcó un estilo, que se ha vuelto contra los que lo inventaron. Al hacer balance diez años después, vemos que Ruiz-Mateos ha perdido Rumasa; los socialistas, la vergüenza, y los españoles, el billón de pesetas que nos costó la broma. Díganme quién ha hecho peor negocio.

(23 de febrero de 1993.)

El prestidigitador

¿Qué ha fallado? ¿Cómo es posible que, de la noche a la mañana, hayamos pasado de los primeros de la clase a uno de los últimos? Pues ha fallado que nuestros dirigentes se pasaron de listos. El Gobierno ha tenido dos políticas económicas simultáneas. Una liberal, cara al extranjero, de peseta cara, altos intereses y fronteras abiertas. Otra intervencionista, cara adentro, de altos impuestos, altos salarios y concesiones a los sindicatos. En otras palabras: quería ganarse a los patronos sin perder a los obreros. Como suele ocurrir a quien se sienta entre dos sillas, al final se cae. Hoy, el Gobierno tiene enfrente a obreros y patronos. Su doble política se ha vuelto contra él. No podía funcionar, con una mitad anulando a la otra. Y ha bastado la primera crisis internacional para que ambas mitades entrasen en colisión. ¿Qué cabe hacer? Lo más urgente es elegir qué política económica seguir. O se deciden por una austera, librecambista, o eligen una expansiva e intervencionista. El próximo martes, Felipe González tendrá ocasión de demostrarnos si es realmente un estadista o un prestidigitador. Un prestidigitador al que empiezan a conocérsele todos sus trucos.

(24 de febrero de 1993.)

Pilotos de Iberia

Un aplauso para los pilotos de Iberia, en un país donde hay muy poco que aplaudir. Los pilotos de Iberia han aceptado la congelación de sus salarios, siempre que el restante personal de la compañía haga otro tanto. Se dirá que los pilotos ganan ya bastante. Y se meterá uno en la demagogia utópica, que no lleva a ningún sitio. El caso es que unos trabajadores están dispuestos a no ganar más ante la difícil situación que atraviesa su empresa. Que es tanto como unir su suerte a la de ésta. Algo completamente nuevo en nuestro país. El trabajador, el empleado español se siente totalmente al margen de la empresa donde trabaja. Parte de la culpa la tiene la propia empresa, que no ha sabido incorporarle. Pero parte también se debe a esa mentalidad decimonónica, premoderna, que nos domina. A buena parte de nosotros, la marcha de la empresa donde trabajamos nos importa un bledo. Con que pague la nómina a fin de mes y nos suba el sueldo a fin de año, nos basta. La calidad del producto que producimos y su competitividad en el mercado no es cosa nuestra. Y así nos va. Que no vendemos un clavo, no ya fuera, sino dentro del propio país. Quien más tiene que perder hoy con la mala marcha de una empresa no son los empresarios. Son sus empleados. Los empresarios ya se las arreglarán para sobrevivir en otras partes. Los empleados se van a la calle, y es difícil que salgan de ella. Es algo que han debido ver los pilotos de Iberia. Será curioso ver si el resto del personal se da cuenta de que van en el mismo avión.

(25 de febrero de 1993.)

Padres e hijos

No es fácil ser padre hoy. Bueno, nunca lo fue. Pero hoy menos que nunca. La ruptura de todo principio de autoridad que trajo la revolución cultural de los sesenta alcanzó de lleno a la familia, y entre sus muchas liberaciones estaba la de los hijos respecto a sus padres. El respeto y la obediencia se han visto seriamente desafiados, en parte con la anuencia de los propios padres, que, con toda la buena intención del mundo, han querido dar a sus hijos e hijas todo lo que ellos no tuvieron, incluida la plena libertad. Esto ha creado una atmósfera permisiva, que desemboca de tanto en tanto en tragedia. Acabamos de tener dos muestras con las niñas de Alcàsser y San Blas, asesinadas durante una salida nocturna. He hablado con padres de niñas y todos ellos coinciden en lo difícil que resulta convencerlas de los peligros que corren. Incluso si están dispuestos a llevarlas y traerlas a las discotecas, exigen que las dejen a cierta distancia, pues se avergüenzan de que las vean llegar así. No sabemos si las últimas atrocidades las convencerán de los riesgos que corren. El alma de una adolescente es un pozo de contradicciones y ansiedades. Pero está visto que si ellas no son capaces de defenderse, alguien tiene que hacerlo. Y a la cabeza tienen que estar sus padres, que son quienes más las quieren. Y querer a alguien significa tener que decirle alguna vez que no. También tienen que contribuir otros sectores de la sociedad, como los educadores, las autoridades y, cómo no, los medios de comunicación. ¿Cómo? Tal vez dejando de buscar el sensacionalismo de estas historias y empezando a hacer preguntas incómodas. Por ejemplo: Es la una menos cuarto de la madrugada, ¿sabemos dónde están nuestros hijos?

(26 de febrero de 1993.)

Marzo de 1993

Romeo y Julieta en Ayamonte

No estoy por meter en la cárcel a Arturo Romero, el maestro de Ayamonte que se escapó con una discípula. En las cárceles se arreglan muy pocas cosas y, desde luego, no las sentimentales. Y allí parece que hubo más sentimentalidad que sexo. De haber habido sexo hubiese sido otra cosa, pues nadie puede defender el sexo con una menor, incluso con consentimiento de ella. Pero por eso mismo estoy por que a él se le prohíba seguir dando clases de sexología. ¿Cómo va a dar clases de sexología alguien que no sabe dónde tiene el sexo ni la cabeza? Con su enamoramiento, escapada y deseos de formalizar sus relaciones con una niña de doce años, Arturo Romero ha demostrado desconocer lo más elemental de las relaciones entre ambos sexos. Por no saber, no sabe que para que funcione una pareja no basta el amor, el impulso. Es importante, desde luego. Pero se necesita, sobre todo, comprensión, paciencia, tolerancia, madurez. Y si incluso entre las parejas maduras se hace a veces difícil la convivencia, ¿qué voy a decirles de una en la que la chica apenas ha llegado a la pubertad física e intelectual? Aunque el bueno de Arturo Romero no parece tener mucha más edad, a la vista de lo que ha hecho y dicho. Condenarle sería condenar a un menor. Pero dejarle seguir dando clases de sexología sería como poner a dar clases de natación a alguien que no sabe nadar. La única forma en que nos lo imaginamos en una clase de esas es como alumno.

(1 de marzo de 1993.)

Debate parlamentario

Eligió la táctica del doble cerrojo: retrasar el equipo, ceder todo el terreno al equipo contrario y crear un baluarte ante su portería. Para así, atrincherado, lanzar ataques fulminantes y sorprendentes sobre el enemigo. Felipe González volvió a demostrar que se las sabe todas en debates parlamentarios. Conocía su mala situación, los resultados nulos que podía ofrecer, el sólido bloque que tenía enfrente. Así que empezó suave, moderado, dando la razón a los demás, aceptando parte de lo que decían. «Qué hombre tan razonable», pensaba uno al oírle. Pero este hombre tan razonable mostró un instinto de yugular en los cuerpo a cuerpo que siguieron, dando cuenta, uno tras otro, de todos sus rivales. Salió airoso, pues, de la prueba que tan difícil se le presentaba. Pero el problema de Felipe González no está en el Congreso. Está en la calle. La victoria que necesita no es en el debate, sino en las fábricas. Y las fábricas no pueden mantenerse abiertas por mera dialéctica, por buena que sea. La realidad es bastante más difícil de vencer que unos políticos españoles, bisoños en su mayoría. Felipe González es todavía capaz de vencer, pero ya no convence. La crisis que atraviesa nuestro país se supera, más que con palabras, con medidas económicas. Y de eso no hubo absolutamente nada en el debate del Congreso. Quiero decir que Felipe González seguirá venciendo, pero los problemas seguirán sin resolver.

(2 de marzo de 1993.)

Paro y competitividad

Todos estamos de acuerdo en que el problema más acuciante es el paro. Pero ahí se acaban las avenencias. Las soluciones que proponen unos y otros no pueden ser más opuestas. Quieren unos más inversiones estatales. Otros, dejar actuar al mercado. El caso es que unos por otros y la casa sin barrer. La realidad es que las viejas fórmulas no sirven. Estamos ante una nueva situación, la de un mercado global donde el más competitivo vende sus productos, y el menos no los vende, teniendo que cerrar sus empresas. Así de sencillo. Y España no es competitiva porque no es productiva. Nuestra productividad está por debajo de la de nuestros competidores, excepto en sectores muy específicos. Es la razón de que los vascos vayan a comprar a Francia, y los que pueden, a Nueva York. Parte de la culpa la tiene el Gobierno, por esos altos impuestos que lastran nuestras industrias y por haber descuidado la formación profesional, que haría más productivos a nuestros trabajadores. Pero parte la tienen los sindicatos, por no querer darse cuenta de que el enemigo del trabajador español no es su empresario, sino el obrero francés, belga, alemán o coreano, que son quienes pueden quitarle su puesto en el mercado global. Al sindicato sólo parecen importarle las subidas de salarios, no las subidas de productividad. Aquí hay muchas fábricas que pierden dinero, y sin embargo, los trabajadores se empeñan en que les suban el sueldo cada año. Es la mejor forma de hundir la empresa e irse sus trabajadores al paro. Este es un país con mentalidad de funcionario.

En cuanto uno tiene un empleo, se cree que le pertenece, y el empleo está para servirle a él, no él al empleo. Tal vez tengamos que acabar todos en el paro para saber apreciar lo que es un puesto de trabajo en el mundo de hoy.

(3 de marzo de 1993.)

Don Juan Carlos

El libro de José Luis de Vilallonga sobre el Rey es esperado con tanta expectación como morbo. Sin duda nos ofrecerá un retrato real de primera mano. Pero ¿es oportuno? Muchos piensan que no. Que la monarquía tiene que estar envuelta en cierta aura de misterio, de lejanía, que si se la quitan, la dejan desnuda. Que un rey, en pocas palabras, no es un presidente de república. En este sentido, todo lo que nos ofrezca un rey humano, demasiado humano, le daña. Recuérdese lo que está ocurriendo a la monarquía británica, con mucho más arraigo que la nuestra. Pero nuestro Rey es especial. Por lo pronto, es rey por deseo de Franco, para que no lo fuera su padre, pero acabó desmontando el franquismo. Por otra parte, este no es un rey que se haya limitado a heredar la corona, sino que se la ha ganado a pulso. De ahí que exista una estrecha relación entre Don Juan Carlos y el pueblo español, por encima de clases sociales y filiaciones políticas. En este sentido, todo lo que sea presentar a Don Juan Carlos humanamente, no puede dañarle ante el pueblo español. Al revés, le acercará más a él. Aunque en la ventaja existe también un inconveniente. Según Vilallonga, una de las cosas que más molestan a Don Juan Carlos es que los españoles seamos más juancarlistas que monárquicos. Se da cuenta del lastre que eso representa para la monarquía y para don Felipe. Pero poco puede hacer contra ello. Las cosas son como son. Y tal vez haya llegado el tiempo en que, no sólo en España sino en todo el mundo, los reyes tengan no que heredar, sino ganarse la corona.

(4 de marzo de 1993.)

Don Juan, enfermo

Don Juan de Borbón es una de las figuras más humanas, singulares y atractivas de la moderna historia española. Hijo de rey y padre de rey, no pudo, sin embargo, ser rey él mismo. Para la inmensa mayoría, eso hubiese sido suficiente para amargar una vida. Pero nada más lejos de Don Juan que el resentimiento. Puede enfadarse, puede enojarse, puede indignarse, y de hecho lo hizo más de una vez. Pero es incapaz de albergar resentimiento. Lo supera con un optimismo desbordante, con una vitalidad natural, con una genuina hombría de bien. Pudo equivocarse al evaluar tal o cual situación, esta o aquella persona. Pero nadie podrá negarle amor a España, que ha movido todos sus actos, desde el más pequeño hasta el más grande, desde presentarse como voluntario a principios de la guerra civil para combatir con las tropas de Franco a enfrentarse con él al acabar la guerra mundial. Pasando por el sacrificio supremo: renunciar a sus derechos al trono en favor de su hijo. Su heroísmo ha sido la generosidad; su grandeza, la humildad; su poder, el no tenerlo. El arte supremo de los reyes, dijo Séneca, es saber resistir el odio. Según esta máxima, Don Juan de Borbón, pese a no reinar, ha sido uno de los mejores reyes que hemos tenido los españoles, pues no odió a nadie, pese a tener motivos para odiar a tantos.

(5 de marzo de 1993.)

Baile de billones

Hay una prueba infalible de comprobar si un partido ha perdido el contacto con la realidad: si piensa que el pueblo es tonto. El pueblo puede parecer tonto. Le es más cómodo, más sencillo, más barato incluso. Pero al pueblo puede engañársele una vez, dos; de la tercera no pasa. Pero el PSOE cree poder seguir contando el mismo cuento a los españoles por los siglos de los siglos. ¡Hay que ver la que ha montado para ganar las próximas elecciones! Borrell se ha sacado de la chistera —de la cartera imposible, está vacía— dieciocho billones de pesetas para infraestructuras. Nos anuncian el despacho de escuadras puerta a puerta para preguntarnos qué queremos. Habrá nuevas autopistas, nuevas autovías, nuevos trenes de alta velocidad. Señores socialistas, no es necesario todo eso. Con que limpien la vida nacional, nos basta. Con que aclaren lo de Filesa, Malesa, Times Export y semejantes nos damos por satisfechos. Pero precisamente eso, que es lo más sencillo, es lo que no hacen, y en cambio echan mano de grandes planes gigantescos. ¿Por qué? ¿A quién intentan engañar otra vez?

(8 de marzo de 1993.)

Los pecados del PP

Los parlamentarios populares gallegos y andaluces han hecho un flaco favor a Aznar. Y un favorazo a Felipe González. Justo cuando más lo necesitaba. Yo no sé si los parlamentarios gallegos del PP intentaban amordazar a la oposición, como asegura ésta, al votar el cierre del debate. Lo que sí sé es que han dejado esa impresión. Como tampoco sé si los parlamentarios populares andaluces dejaron de pagar a Hacienda por unas dietas tal como debían, según la oposición, o estaban excusados, como dicen ellos. Lo que sí sé es que un político no sólo tiene que predicar la democracia, sino también practicarla. Como la mujer del César no sólo tiene que ser honesta, sino también parecerlo. La mujer del César, en estos casos, era, en Galicia, no aplastar a la oposición en Andalucía, no buscar argucias legales para evitar los impuestos. Los populares alegan que son objeto de una campaña sucia. Es posible, pero deberían contar con ella y son culpables, por lo menos, de no haberlo previsto. Por lo más, de los cargos que se les acusa. Sus acciones tendrían que ser transparentes. Por primera vez en la moderna democracia española son gubernamentalizables. Lo que quiere decir que va a mirarse con lupa cuanto dicen y hacen. Y si resulta que van a usar el poder para arrollar a la oposición o para enriquecerse más rápidamente que el resto de los españoles, no se extrañen si en las próximas elecciones éstos dejan todo tal como está. Estas cosas las hacen ya perfectamente los hoy en el poder.

(9 de marzo de 1993.)

Guerrismo y felipismo

Alfonso Guerra ha hecho las paces con Nicolás Redondo. Con quien tendría que haberlas hecho es con Carlos Solchaga. O con el propio Felipe González. Eso es lo que más urgentemente necesita el PSOE y lo que más nos interesa saber a los españoles: si el partido del Gobierno va a seguir la línea abierta de su secretario general y de su ministro de Economía, o la mucho más ideológica y cerrada de su vicesecretario general. Hasta ahora, parecía imponerse la primera. Pero miren ustedes por dónde, Alfonso

Guerra parece haber resucitado este fin de semana y se convierte en el protagonista del partido. Lo que, en teoría, significaría el declive de Solchaga. ¿Es verdad? Ni de broma. La única verdad es que el PSOE empieza a ver las orejas al lobo. Ni Alfonso Guerra ni Felipe González, solos, pueden ganar ya las elecciones. Necesitan apoyarse mutuamente. Y si hoy buscan el apoyo sindical a través de Guerra, no se extrañen si mañana Solchaga salta a primera línea para atraerse a los empresarios y a las inversiones extranjeras. De aquí a las elecciones, el presidente va a ser guerrista los lunes, miércoles y viernes, y solchaguista los martes, jueves y sábados. Reservándose el domingo para ser felipista, que es ser las dos cosas al mismo tiempo. Lo que confirma la predicción de aquel castizo: «Por muy peleaos que estén, estos tíos, al final, se unen. Más cornás da el hambre.»

(10 de marzo de 1993.)

Solchaga

Don Carlos Solchaga nos dice que la crisis no ha tocado fondo. El ministro de Economía usa con nosotros la técnica de la ducha finlandesa: tan pronto nos mete en la sauna como nos suelta un chorro de agua helada. Primero nos promete 800.000 puestos de trabajo, y luego nos trae tres millones de parados. Igual nos pone como ejemplo de toda Europa como nos manda al furgón de cola de ella. Se pasa años reuniendo miles de millones en divisas, y se las gasta en pocas semanas defendiendo la peseta. Se pelea con los empresarios, con los sindicatos, con la oposición y con su propio partido. Con este hombre no hay forma de aburrirse. Si fuera ministro de Deportes o de Cultura, incluso nos íbamos a reír un rato con él. Lo malo es que es ministro de Economía y Hacienda. Y Carlos Solchaga cumple como pocos aquella definición del economista: es aquel que se gasta el dinero de los demás como si fuera suyo. En este caso, el dinero es nuestro. Lástima, digo, que no fuese siquiera seleccionador nacional. Perderíamos todos los partidos, pero no hablaríamos de otra crisis que de la del fútbol.

(11 de marzo de 1993.)

El milagro español

Ya somos los primeros en algo en Europa. Bueno, los primeros, no, los segundos. Los primeros son los griegos. Se trata de días de trabajo perdidos por huelga. Setecientos por cada mil trabajadores. Mientras en Alemania pierden sólo seis. Luego, queremos vivir como los alemanes. Sin dejar de holgar como españoles. Y por si no tuviéramos bastantes huelgas, el Gobierno, de acuerdo con los sindicatos, lanza una ley de huelga que le da toda clase de facilidades. Desde declararla con tal de que la deseen sólo unos cuantos trabajadores de cualquier plantilla, a plena libertad de los piquetes informativos para convencer a los que desean seguir trabajando de que no les conviene hacerlo. Justo la ley que necesitamos para salir de la crisis. Tanto como una pedrada en la cabeza. Por cierto, entre el 20 por 100 de parados, los huelguistas, los dados de baja por enfermedad y los que no se presentan porque sí, ¿quién trabaja aquí? ¿Cómo diablos sigue funcionando este país? Eso debe ser lo que llaman el milagro español.

(12 de marzo de 1993.)

Informe Filesa

¿De qué hablamos hoy? ¿De las elecciones francesas? ¿De la crisis italiana? ¿Del informe del juez Barbero? Pues de las tres cosas al mismo tiempo, ya que en el fondo son lo mismo: el retroceso socialista. Fueron esos miles de millones de francos, liras y de pesetas, extraídos con cloroformo político a las empresas más importantes del país, lo que ha traído la desgracia de los tres partidos. Sólo falta saber de quién fue la idea, de los socialistas franceses o de los italianos. A los españoles no los considero tan imaginativos. Los nuestros van a lo bestia. El caso es que al inventor de la idea le faltó tiempo de soplársela a sus vecinos. Unos lo están pagando con la cárcel; otros, con la pérdida de las elecciones, y los nuestros con un bajón en las encuestas. El PSOE se tapa los ojos, después de taparse la nariz, y asegura que los resultados franceses no son extrapolables. Y que el juez Barbero es su enemigo, arropado por los medios de comunicación. Sin querer ver que su verdadero enemigo es Aida Álvarez. Y Carlos Navarro. Y Josep María Sala. Todos los que apalearon millones al amparo del partido. No sabemos si para el partido o para ellos. Si fue para ellos, el partido tendría que tomar medidas. No las ha tomado. Es casi una confesión. La penitencia, en el otoño.

(15 de marzo de 1993.)

Huelga de árbitros

Eso de que los árbitros de fútbol estuviesen dispuestos a ir a la huelga me pareció una de las noticias más graves de los últimos tiempos, y miren que ha habido. No por la huelga en sí. Declararse en huelga es uno de nuestros deportes favoritos, según acaba de constatarse. Era por el motivo. Los árbitros no iban a la huelga por un sueldo más alto o por menos horas de trabajo. Si decidían una huelga de silbatos caídos era por las críticas y descalificaciones que venían recibiendo de todas partes: directivos, jugadores y público en general. Algo que delata una cosa tan grave como que los árbitros no entienden su verdadero papel. Si los árbitros creen que su misión se reduce a señalar el comienzo y el final de un partido, pitar las faltas y mostrar tarjetas a los jugadores que se portan mal, están muy equivocados. Eso es sólo el comienzo de su labor. Importante, sin duda, pero ni de lejos comparable a lo que viene después. Una vez finalizado el partido, el árbitro sirve al perdedor para justificar su derrota. Siempre hay un penalti no pitado, un *offside* no visto, una mano intencionada o un gol fantasma. Aquí nadie admite tener las culpas de su derrota. La culpa siempre es de otro. Y esa es la principal misión de los árbitros, mucho que les pese. Déseles un sobresueldo por este trabajo extra. Pero, por favor, no quiten a los sufridos aficionados al fútbol el último consuelo para las desgracias de su equipo. Sería como si los ciudadanos no pudiésemos criticar al Gobierno. Ya sabemos que lo hemos elegido nosotros. Pero ¿qué culpa tenemos de ello?

(16 de marzo de 1993.)

Atentado

¿Va a pasarnos con ETA como con el GRAPO? Ya saben, al GRAPO le hemos enterrado no sé cuántas veces, para salirnos luego cuando y donde menos se le espera, con su orgía de sangre. Los de ETA son más organizados. Más predecibles también. Usan siempre las mismas armas, métodos, tácticas y comunicados. Últimamente, se nos venía diciendo que su cabeza estaba en la cárcel; su sistema operativo, gravemente dañado, y sus finanzas, casi exhaustas. Pero, ya ven, sigue matando. Lo que tampoco es contradicción. A una serpiente puede cortársele la cabeza, y seguir dando coletazos. Los expertos en terrorismo aseguran dos cosas: que los comandos operativos son cada vez más jóvenes, menos entrenados, aunque igualmente sanguinarios. Y que la dirección de la banda ya no está en Francia, sino en España. Los auténticos dirigentes de ETA ya no son sus históricos en el exilio. Están aquí, en las coordinadoras, en los partidos políticos, en las publicaciones independentistas, entre sus propios letrados. Esos son los que lanzan a los jóvenes al asesinato, los que se oponen a la negociación, los que rechazan la reinserción, pues necesitan a los presos en la cárcel para mantener el fuego sagrado. Necesitan también que se siga asesinando. La policía conoce incluso sus nombres. Pero no hay pruebas contra ellos. Es la debilidad de la democracia: que lucha con el brazo atado por la ley contra los que no respetan ninguna. Pero al menos ya tenemos a los asesinos en casa. La orden de asesinar hoy a dos guardias civiles en San Sebastián partió de España. Posiblemente de algún despacho cuyo titular no ha visto en su vida más sangre que la del *roast beef,* cuando se lo sirven poco hecho.

(17 de marzo de 1993.)

Ataques a la peseta

Con su tradicional habilidad para explicar catástrofes económicas, que contrasta con su incapacidad de predecirlas, Carlos Solchaga ha dicho que el nuevo ataque a la peseta se debe a razones más políticas que económicas. Dando a entender que los inversores extranjeros temen que haya un cambio de Gobierno en España. En sólo una frase, Solchaga se equivoca no una, sino dos veces, lo que es todo un récord, incluso para él. Si la peseta vuelve a estar débil es porque la economía española también lo está. Es triste tener que decir a todo un ministro de Hacienda que una moneda es el reflejo de la economía que tiene detrás, y no a la inversa, como Solchaga ha creído todos estos años, en los que ha engordado artificialmente la peseta, pensando que así engordaba nuestra economía. Hasta que se le pinchó el globo. Si la peseta se desinfla es porque la economía española, aquejada de paro, déficit, inflación y falta de productividad, no puede sostenerla en los altos niveles donde la habían puesto. Respecto a las elecciones, puede que influyan en la desconfianza extranjera, pero al revés de como insinúa el ministro. Seguro de que a muchos inversores les preocupa la incógnita del PP. Pero tanto o más tiene que preocuparles lo que ocurrirá de ganar el PSOE. González tendrá que gobernar, no ya con los catalanes, sino también con los guerristas. Socialistas de viejo estilo, próximos a los sindicatos y con todo tipo de reivindicaciones. Desde luego, las medidas de reestructuración que necesita nuestra economía serían muy difíciles de tomar. Y esto sí que es preocupante. En cualquier caso, Carlos Solchaga no será ya ministro. Aunque esto no sería lo peor.

(18 de marzo de 1993.)

Elecciones francesas

Dispónganse a oír que, pase lo que pase este fin de semana en Francia, no tiene nada que ver con lo que ocurre en España. Se lo dirán los mismos que, de tener posibilidades los socialistas de imponerse en la segunda ronda, asegurarían que cuanto ocurre en el país vecino terminará ocurriendo en el nuestro. Que es la realidad. Lo descubrió José Manuel Lara hace ya tiempo. Cuando al editor sevillano-barcelonés le traían una novela extranjera, no preguntaba si era buena o mala. Preguntaba: «¿Tuvo éxito en Francia hace diez años?» Y si lo tuvo, la publicaba, porque sabía que lo tendría aquí. Aparte de que tampoco hace falta ser un lince editorial para darse cuenta de que si el socialismo en general está agotado, el socialismo mediterráneo está en los tribunales. Su problema no son los electores. Son los jueces. En Italia, en Francia, en España. Los socialistas mediterráneos querían descubrir una nueva forma de socialismo y terminaron descubriendo una nueva forma de hacerse ricos rápidamente. Algo que estaba descubierto hace tiempo. Se llaman comisiones, tráfico de influencias, chantajes, mordidas. El hundimiento del comunismo fue un cataclismo ideológico. El del socialismo mediterráneo, simplemente, de juzgado de guardia.

(19 de marzo de 1993.)

Sequía

La sequía, la pertinaz sequía. Ya está otra vez aquí. Agostando campos. Dejando ciudades sedientas. Desatando luchas fratricidas entre la España seca y la España húmeda. La sequía, Dios mío, la maldición de España. Saquen, señores, saquen todos los tópicos baratos y la literatura más rancia. Y, sin embargo, no es así. No tendría que ser así. Hablamos de la sequía como si fuera una plaga bíblica, una fuerza de la naturaleza, algo inevitable, como el rayo homicida o la noche tras ponerse el sol. Pero para el rayo se ha descubierto el pararrayos, y para la oscuridad se ha inventado la luz artificial. Y para la sequía, los pantanos. Sabemos que, aproximadamente, un año de cada diez es extremadamente seco, como sabemos que, con la misma regularidad, llega otro en el que se abren las compuertas del cielo. El hombre previsor, el hombre moderno, construye presas que regulen esos ciclos naturales. Pero aquí no se ha construido un pantano en no sé cuántos años. El Gobierno González prefirió gastarse el dinero en fiestas o trenes psicodélicos. Y cuando llega la sequía nos dice que es eso, la sequía. Sin ofrecernos otra cosa que las tradicionales restricciones. Por este camino, pronto descubren las rogativas.

(22 de marzo de 1993.)

El AVE

Catorce veces llamó mentiroso Javier Arenas a Borrell durante el debate parlamentario, sin que el ministro le contradijese una sola. Este no es mi Borrell, que me lo han cambiado, daban ganas de gritar. Pues el ministro de Obras Públicas viene siendo, con Solchaga, el más farruco de su grupo. Pero esta vez tenía una tarea que se indigestaba al más flamenco. Tenía que defender las cuentas del tren de alta velocidad, unas cuentas que parecen las del Gran Capitán, y que me perdone éste. El propio Ministerio fija el coste total del proyecto en 317.000 millones de pesetas en unos documentos, y en 456.000 millones en otros. Una diferencia de 139.000 millones que nadie es capaz de explicar. Más difícil todavía es lo de las comisiones. Siemens pagó un 5,5 por 100 del montante total de pedidos que recibió de Renfe a empresas controladas por ex altos cargos socialistas. Lo que representa cientos de millones de pesetas. Borrell se hizo el loco. A mí, que me registren. Pregunten a los alemanes, vino a decir. Si han pagado, allá ellos. O sea, que Siemens es como todas esas empresas españolas que, según ha descubierto el juez Barbero, pagaron millones a firmas controladas por gentes del PSOE a cambio de nada. En el fondo, es lo mismo: apalear dinero a la sombra del poder. Lo que ve todo el mundo, menos un chico tan listo como José Borrell. Por cierto, si Borrell, que es de los más templados del grupo y no se ha metido un duro en el bolsillo, está así de desconcertado y nervioso, ¿se imaginan cómo estarán los demás?

(23 de marzo de 1993.)

Felipe González en la universidad

¿Quiénes eran esos chicos y chicas que abuchearon hoy a Felipe González en la Universidad de Madrid? Para el PSOE no ofrece dudas: «Un grupo aislado de extrema derecha, que no representa el sentimiento de la clase universitaria de nuestro país», dice su nota sobre los incidentes. Para los que estaban en el acto o han visto las imágenes, tampoco ofrece dudas: la mayoría participaron en el abucheo. Además, es lógico. Esos jóvenes saben lo que les espera al acabar sus estudios: el paro. Tenían nueve, diez, once años cuando Felipe González llegó al poder. O sea, que toda su vida consciente ha transcurrido bajo el felipismo. ¿Y qué han visto? Pues enriquecimientos espectaculares a la sombra del poder, especulación a gran escala, cultura del pelotazo, entierro de ideales, acaparamiento de poderes, resistencia a la justicia, hechos que contradicen a las palabras. Nada de extraño que cuando han podido decir lo que sienten al último responsable de todo ello, se lo hayan dicho de la forma contundente como suelen.

Como cuando Felipe González se lo decía a los gobernantes que se le ponían a tiro, cuando era joven. Ya decía Hegel que la historia está guiada por un geniecillo irónico.

(25 de marzo de 1993.)

Comunismo-socialismo

Ahora nos damos cuenta de que en 1989 no cayó sólo el muro de Berlín, no se hundió sólo el comunismo. Se desplomó también el socialismo. A fin de cuentas, eran primos-hermanos. Los primeros en darse cuenta fueron ellos mismos, los socialistas, que se apresuraron a tirar por la borda todos los dogmas, comenzando por el marxismo. Al mismo tiempo que se aproximaban al capitalismo, aceptando el libre mercado y algunas de sus otras fórmulas. Pero no bastó. No bastó porque era una conversión demasiado rápida y superficial. Los socialistas franceses, italianos y españoles tomaron del capitalismo lo más espurio. La especulación, la ganancia fácil, que degenera pronto en corrupción. Pueden hacerse millonarios en un día, y de hecho se hicieron. Pero no se hacen capitalistas. Estos socialistas de la nueva ola no llegaron nunca a adoptar la cultura del ahorro, del trabajo, de la empresa. Y así les y nos ha ido. Sobre todo a nosotros, que nos encontramos pagando la factura sin comerlo ni beberlo.

(26 de marzo de 1993.)

Filesa

Los anglosajones le llaman el *smoking gun,* la pistola humeante. Significa la prueba definitiva de que se ha cometido un delito. La pistola humeante en el caso que investiga el juez

Barbero es esa nota interna de la casa Hauser y Menet, indicando que Filesa se hacía cargo de una factura del PSOE por 19 millones de pesetas. Hasta ahora todo eran sospechas, suposiciones, conjeturas, fundadas, eso sí, pero nada más. Ese documento lo ha cambiado todo. Filesa estaba pagando facturas del Partido Socialista. Que era lo que venía sosteniendo la acusación y negando el PSOE. ¿Lo sigue negando? De momento, anuncia que sus hombres implicados en el asunto no se presentarán a las próximas elecciones. Si cree que con eso tapa el escándalo, vuelve a estar equivocado. El documento de Hauser indica un presunto delito electoral, con penas de hasta seis años de cárcel. Esto no se salda con la renuncia al escaño. Esto tiene que verse ante el juez. O tendría, porque en este país nunca puede estarse seguro de nada. Y Felipe ¿qué dice a todo ello? Él había dicho que, aparte de las responsabilidades jurídicas, hay otras políticas. Ya las tiene ahí. Y, además, juntas. Ya tiene la pistola humeante. Como no haga nada, a quien apuntará será a él.

(29 de marzo de 1993.)

Corcuera, el pacificador

Eso de encargar a Corcuera el poner de acuerdo a renovadores y aparatistas del PSOE no acabo de entenderlo. Si yo tuviera que visitar de madrugada el Pozo del Tío Raimundo, desde luego que preferiría la compañía de José Luis Corcuera a la de Javier Solana, por citar a alguien. Pero para poner de acuerdo a los socialistas que piden que rueden cabezas por el asunto Filesa y los que dicen que ruede su tía, el ministro del Interior no me parece el más indicado. ¿Cómo quiere Felipe González que Corcuera cumpla su misión? ¿Agarrando por las solapas a

Solchaga y Guerra y no soltándoles hasta que lleguen a un acuerdo? ¿Disolviendo con una carga policial el grupo de las Navas y entrando de un patadón en la puerta en la sede de Ferraz? José Luis Corcuera tiene sin duda notables cualidades, gracias a las que es un ministro del Interior popular. Pero la del guante blanco no figura entre ellas, a no ser que nos haya dado el pego todos estos años. Por cierto, ¿no era ese el papel para el que se había elegido vicepresidente a Narcís Serra? ¿O se le está reservando para cuando haya que negociar con Pujol? Como lo reserven mucho, se les queda inédito. Aunque siempre le quedará la carrera musical.

(30 de marzo de 1993.)

¿Cuándo lo supo González?

El problema de fondo del caso Filesa no es cuándo supo Benegas que se habían cometido irregularidades en la financiación de su partido. Que tuvo que saberlo, al ser el secretario de Organización. Ni siquiera cuándo lo supo Alfonso Guerra, que era vicesecretario general y encargado de la última campaña. El verdadero problema es cuándo lo supo el secretario general, Felipe González. ¿Lo supo cuando empezaron a cobrar millones por informes que no hacían? ¿Cuando el contable Von Schauwen lo denunció públicamente? ¿Cuando los peritos de Barbero entraron en la sede del PSOE? Desde luego, tuvo que saberlo al hacerse público el informe del juez. Si Felipe González no lo supo antes, fue porque no quiso saberlo. Pero a partir del 12 de marzo, cuando se conoció el informe, ya no pudo ignorarlo. Lo sabíamos todos los españoles. ¿Y qué hizo? Pues no hizo nada. Desde entonces, se ha limitado a hacer frases, ensayar posturas, amagar amenazas, pero hacer, lo que se dice hacer, no ha hecho nada. Algo muy grave, porque es el último responsable. Aquí ha habido irregularidades, posiblemente delitos. Pero un delito muy especial. Los más directos implicados, Sala, Navarro, no se beneficiaron privadamente de él. Tampoco Benegas. Se benefició el PSOE. Y el líder del PSOE es Felipe González. Ocurrió en su guardia. Si no lo sabía, no cumplió con su deber. Si lo sabía, lo violó. En cualquier caso, no puede eludir responsabilidades. Y su primera responsabilidad no es presentarnos las cabezas de sus subordinados. Es decirnos cuándo lo supo y qué medidas tomó para subsanarlo. Si alguna.

(31 de marzo de 1993.)

Abril de 1993

Don Juan de Borbón

Hay quien gana con la lejanía. Hay, al revés, quien se esfuma en ella. Personajes que en vida parecían gigantes, se convierten en sombras cuando pasan de actualidad, mientras otros van subiendo de estatura, hasta alcanzar dimensiones históricas. Don Juan de Borbón pertenece a los segundos. No hablo impulsado por las imágenes emotivas de los últimos días, en las que hubo también bastante de mala conciencia por el olvido que el pueblo español tuvo a uno de sus hijos más ilustres de este siglo. Don Juan lo sabía. «Parece que en este país uno tiene que morirse para que le conozcan», dijo a Torcuato Fernández Miranda, cuando éste lamentó no haberle conocido antes. Pero Don Juan no es el gran olvidado. De hecho, no es ni siquiera «el rey que no reinó», como ha dado en llamársele tras su muerte. Ha reinado, está reinando en su hijo. Su monarquía, la monarquía democrática, constitucional, de todos los españoles, es la de Don Juan Carlos. Es posible que él hubiese recortado un poco las autonomías, a lo único que puso alguna objeción. Aunque quién sabe si Don Juan Carlos también se las pone, aunque él, a diferencia de su padre, no puede decírnoslo. Pero en el resto, esta España fue su idea, su sueño, el sentido de su vida. Ha podido así morir en paz, rodeado de los suyos, amado por su pueblo, respetado por el mundo. Va a reunirse con sus antepasados con la conciencia tranquila y la satisfacción del que ha cumplido con su deber. Es lo máximo a que podemos aspirar los hombres.

(1 de abril de 1993.)

«No lo he leído»

Lo más grave que se ha dicho sobre Filesa no lo ha dicho Benegas, ni Sala, ni Guerra, ni ninguno de esos renovadores, como Leguina, que quieren usar el escándalo para cargarse a los guerristas. Lo dijo Felipe González a la pregunta de la agencia OTR/Press de si había leído el informe judicial sobre el escándalo. «No, no lo he leído», contestó. Increíble. El informe de unos peritos de su Ministerio de Hacienda sobre el asunto que lleva meses teniendo en vilo al país, dejado a un lado. Un informe sobre algo tan grave como la financiación irregular de los partidos políticos en España, y el presidente del Gobierno mirando a otro lado. Sólo hay una explicación: no quiere saberlo. Esta ha sido su actitud ante todos los casos de corrupción bajo su mandato. Cuando saltó lo de los maletines rebosantes de billetes de Flick, dijo aquello tan gracioso de «ni Flick ni Flock», que parecía un mal chiste alemán, y se quedó tan tranquilo. Cuando se denunciaron las escandalosas privatizaciones de Rumasa, algunas tan beneficiosas para sus amigos, se opuso a la creación de comités de investigación. Cuando saltó lo del despacho de Juan Guerra, dijo lo de las dos cabezas por el precio de una, que luego ni siquiera cumplió. Así, hasta Filesa, donde su actitud ha sido la misma: negarse tozudamente a ver la realidad. Este es el gran pecado de Felipe González en la corrupción: no querer verla. Su responsabilidad no es menor que la de Sala, Navarro, Galeote o Guerra. Eran subordinados suyos. Estaban recaudando fondos para que él ganase las elecciones. No puede lavarse las manos como si hubieran hecho algo contra sus instrucciones, porque no es verdad. Él pudo cortar ese proceso degenerativo hacia la corrupción nada más salir, y no lo hizo. Al revés, lo defendió a capa y espada, lo ocultó y amparó. La democracia es responsabilidad, y Felipe González no podrá escapar de su responsabilidad en Filesa por más viajes que haga al extranjero.

(2 de abril de 1993.)

El Sansón del PSOE

Felipe González convertido en Sansón. El Sansón bíblico derribó el templo sobre los filisteos. El Sansón del PSOE amenaza con derribarlo sobre los suyos. Es su arma favorita. La amenaza desnuda con aire de chantaje. O hacéis lo que os digo o hundo el sombrajo sobre vuestras cabezas. Y naturalmente, tiemblan todos, guerristas y renovadores, aparatistas y *beautiful people,* porque el sombrajo es lo único que tienen. No tiemblan por perder a Felipe. Tiemblan por perder el cargo, el chófer, las dietas, las comisiones, el tren de vida que se han montado. No sé si con esta amenaza González logrará evitar que la reunión de su ejecutiva termine como el rosario de la aurora. Lo más posible es que, pese a odiarse ya sin disimulo, alcancen el compromiso, y Jáuregui acepte ser el cuchillo con que se inmola a Benegas, su jefe. Ya se sabe, al maestro, cuchillada. Pero hay que conservar el puesto, no sólo suyo, sino de miles de compañeros que se quedarían en la calle. Eso es más importante que nada. Claro que sería una falsa reconciliación, y a las primeras de cambio estarán de nuevo peleándose. Pero Felipe González ya conoce la fórmula: amenazar con irse. Felipe González Sansón. Le falta sólo el corte de pelo del juez Barbero.

(3 de abril de 1993.)

Funerales por Don Juan

Los funerales por Don Juan, con honores reales, cierran un capítulo de la historia de España. Un capítulo en el que la excepción fue la regla, y la regla, la excepción. Don Juan vivió intensamente este período de cambios convulsivos y trepidantes. Y lo sufrió, unas veces como protagonista, otras como espectador. ¡Qué vida la suya! Parece sacada de un libro antiguo. Nació en el palacio de La Granja. Su niñez es la de hijo de rey. La mar le llama tempranamente y marcha a la Escuela Naval de San Fernando apenas un muchacho. Pero el joven guardiamarina tiene que interrumpir sus estudios para acompañar a su padre al exilio. Por si éste no fuera bastante duro, en España estalla la guerra civil. Don Juan no puede ser mero espectador y, bajo nombre supuesto, trata de incorporarse a filas como un soldado más. Franco se lo impide. Es el primero de los muchos vetos que va a imponerle. Sigue la renuncia de sus hermanos mayores, su nombramiento como heredero del trono y, en 1946, desde Estoril, inicia unas extrañísimas relaciones con el general que había empuñado el timón en España, sin muchos deseos de soltarlo. Van a forcejear cuatro décadas, con el príncipe Don Juan Carlos como peón entre ellos. Franco necesitaba a Don Juan para la continuidad de su régimen. Don Juan necesitaba a Franco para iniciar el suyo. Empezó ganando Franco, pero terminó ganando Don Juan, aunque a través de su hijo. Hace año y medio, me envió esta corbata que hoy llevo, a través de Alfonso Ussía, con un tarjetón que decía: «José Mari, a ver si te atreves con esta.» Él era así. Incluso en medio de los asuntos más graves, nunca olvidaba la nota humana. Por eso no le olvidaremos muerto, tras haberle olvidado en vida.

(4 de abril de 1993.)

Anuncio de elecciones

Felipe González, últimamente, no nos cuenta más que mentiras. Todavía en su última rueda de prensa nos decía que estaba dando vueltas al adelanto de elecciones, cuando lo tenía ya decidido. Incluso se lo había dicho al Rey el día anterior. Puede que se lo dijese también a Kohl, tras negarse éste a bajar los tipos de interés, destruyendo su última esperanza de reactivación económica en la segunda mitad del año. Pero de cuantas mentiras nos ha contado González últimamente, la mayor es esa de que convoca elecciones por la crispación creada por la oposición. Recuerda a aquel ladrón perseguido que se puso a gritar: «¡Al ladrón! ¡Al ladrón!», para despistar a sus perseguidores. La crispación que atenaza la vida española la ha creado el PSOE con su financiación irregular y por su negativa a reconocerla. La crispación viene de las luchas internas en el partido gubernamental, donde guerristas y renovadores se tiran navajazos. La crispación llega de ver que los parados aumentan, la peseta baja y todas las previsiones del Gobierno se derrumban. La crispación nos viene de un jefe de Gobierno que un día nos dice que acepta responsabilidades políticas por Filesa, y al siguiente, que hay que esperar a que los jueces sentencien. La crispación, en suma, sólo tiene un padre: el partido gubernamental y su política hegemónica todos estos años, que hizo creer a sus hombres que todo el monte era orégano. Y si Felipe González cree que los españoles van a tragarse otra cosa, es que, o nos juzga más tontos de lo que somos, o él no es tan inteligente como le creíamos.

(12 de abril de 1993.)

El próximo gobierno

¿Cómo tendrá que gobernar el próximo gobierno, cualquiera que sea? Pues justo lo contrario que el actual. Estamos en una nueva era, que requiere nuevas normas, nuevos métodos, nueva aproximación a los problemas. La verdadera oposición para el próximo gobierno no vendrá de los partidos rivales, sino de la crisis económica y del escepticismo hacia la clase política generado por la corrupción. Aunque en el fondo es lo mismo. La corrupción trae paro, cinismo, estancamiento, al pensar todos, no en crear riqueza trabajando, sino en hacerse ricos sin trabajar. Los ejemplos de Italia, Francia y ahora España arrojan el siguiente teorema: Cuanto más compleja es una sociedad, más difícil es de conducir y más honrados y modestos tienen que ser sus gobernantes. Honestidad y modestia, esos son los nortes de los nuevos gobernantes. Deben saber que se mirará con lupa cuanto hacen y tendrán que dar ejemplo en sus asuntos públicos y privados. Mejor dicho, no podrán tener asuntos privados. Todo tendrá que ser público. Y modestia. Nada de grandes planes. Nada de querer cambiarlo todo de arriba abajo. Nada de proyectos faraónicos. Nada incluso de carisma.

El carisma no produce puestos de trabajo. Humildad. Acercamiento al pueblo, respeto por él, compartir con él los amargos tragos que nos aguardan. Y la maleta siempre hecha para poder dejar el cargo en cualquier momento. Así, pienso, debería ser el próximo gobierno. Lo que ni mucho menos quiere decir que sea.

(13 de abril de 1993.)

Comunistas italianos

Los comunistas italianos se pasaron cuarenta años tratando de conquistar el poder sin conseguirlo. Y ahora que ya ni siquiera se llaman comunistas, los sondeos de opinión les dan el primer lugar de las preferencias de su pueblo para gobernar. Alguno lo tomará como una típica muestra de la juguetona mente italiana. Otros, como una de esas ironía con las que la Historia gusta reírse de los hombres. Yo lo tomo como la mejor prueba de que el mundo ha cambiado, si es que no ha dado la vuelta. Y el que no se adapte a la nueva situación, está condenado a estrellarse contra ella. Estamos sin duda en una crisis económica. Pero estamos también en una crisis de confianza, de fe en los partidos, en las instituciones, en nosotros mismos. Nada de extraño que empiece a imperar el sálvese quien pueda, ya que no creo en nada. Pero es precisamente en estos momentos de desorientación, casi de pánico, cuando más ayudan los viejos valores. Los comunistas italianos pueden tener una ideología equivocada, pero no se han enriquecido ilegalmente, como democratacristianos, socialistas y liberales, ni han hecho, como ellos, alianzas bajo cuerda con la mafia. Eso, no las ideologías, que son ya todas parecidas, es lo que hoy aprecia el pueblo: la sinceridad, la honradez. Según esta norma, nuestra próxima consulta electoral se reducirá a la pregunta: ¿A quién prestaría usted mil duros, a González o a Aznar?

(14 de abril de 1993.)

Las siete vidas de Alfonso Guerra

¿Cuántas veces nos han matado a Alfonso Guerra? Por lo menos siete, como a los gatos. La primera vez que los renovadores mataron a Guerra fue cuando consiguieron echarle de la vicepresidencia, por haber puesto un despacho a su hermano en la Delegación del Gobierno en Andalucía. O para ser exactos: por haber mentido al Congreso sobre ello. «Este es el final de Guerra», nos dijeron. Sí, sí. Alfonso aprovechó su dedicación plena al partido para hacerle la petaca a Felipe, de forma que cuando éste quiso que Benegas dimitiese por el escándalo Filesa, a poco tiene que dimitir él. «Me pondré al frente del nuevo comité electoral», nos dijo el presidente, seguro de enterrar de una vez a su amigo-enemigo. Ahora ha tenido que incorporar al comité a Guerra y, para más inri, a Benegas, falso dimisionario. «Los muertos que vos matáis gozan de buena salud», podría decir don Alfonso a don Felipe, recordando a otros dos sevillanos célebres. Entre el secretario y el vicesecretario socialista reina sólo una tregua armada. Después de las elecciones se verán las caras. Y sospecho que, mientras a corto plazo ganará González, el vencedor a la larga será Guerra. Si no por otra cosa, porque defiende algo que se parece a un partido socialista. Mientras González defiende sólo el poder desnudo. El mandar. Eso no es política de Estado. Es pornografía política.

(15 de abril de 1993.)

Camarero y cocinero

Cuando Alfonso Guerra dijo a un periodista italiano que él era quien cocinaba los platos y Felipe González quien los servía, lo tomamos como una de sus típicas astracanadas. Pero puede haber en ello más verdad de lo que aparenta. Guerra sigue todavía mandando mucho en el partido. Hemos tenido la mejor prueba esta tarde, al confeccionarse el comité que deberá hacer las listas electorales. Ese comité que, muy orgulloso, González nos adelantó iba a controlar él. Y resulta que va a controlarlo Guerra, con mayoría aplastante dentro del mismo. Pasó como con la ley de huelga o cuando quiso echar a Benegas. Que González tuvo que tragarse sus deseos. Los guerristas le han tomado las medidas. Le dejan decir lo que quiera, pero a la hora de la verdad, cortan ellos el bacalao, como dicen los castizos. Sus amenazas de dimitir ya no les producen efecto. Saben que no dimite. Y si dimite, se quedan ellos dueños del cotarro. No nos equivocábamos al suponer que el PSOE estaba dividido. Pero nos equivocamos al creer que quien mandaba en él era Felipe González. De momento, manda Alfonso Guerra. Tal vez porque los socialistas se han dado cuenta de que los hombres pasan, pero los partidos quedan. Y partido, lo que se dice partido, lo es más Guerra que González. Ahora, que éste quiera seguir sirviendo los platos que cocina el otro, está por ver.

(16 de abril de 1993.)

Las cuentas del AVE

Doña Mercé Sala, presidenta de Renfe, nos anunció hoy un nuevo récord del AVE. No de pérdidas, sino de velocidad. Lo hace con el infantil entusiasmo del maquinista aficionado, sin pensar en otros récords de nuestro tren de archilujo. Vamos a olvidarnos de las comisiones españolas, las conexiones francesas, las presiones alemanas, que encarecieron astronómicamente este proyecto del siglo. Olvidemos incluso esas locomotoras que se compraron de más, para atenernos a los aspectos puramente técnicos. Acabo de leer un informe de dos expertos, Juan Arespacochaga y Ángel Mateo, familiarizados con el proyecto. Coinciden con el planteamiento: si el tren no puede competir con el automóvil en distancias cortas ni con el avión en las largas, le quedan sólo las intermedias para ser competitivo. Unos 500 kilómetros, que son los que separan París de Lyón, las dos ciudades francesas más importantes, trayecto elegido por nuestros vecinos como lanzadera de su tren de alta velocidad. Pero en España se eligió el trayecto Madrid-Sevilla, completamente desconectado del resto. Y cuando se plantea extenderlo a Barcelona, salen los costes prohibitivos. Prohibitivo era ya su primer trayecto. Con lo que ha costado el AVE podrían haberse construido 1.000 kilómetros de autopista. O convertir en autovía 2.000 kilómetros de las carreteras actuales. Fue una inversión desproporcionada a nuestros recursos y a los resultados obtenidos. El producto de una mentalidad faraónica y caudillista. A doña Mercé Sala habría que recordarle que los ICE alemanes alcanzan ya los 409 kilómetros por hora, y el TGV francés, los 482. Mientras en la curva de Puertollano nuestro AVE no sube de los 60. Que debe ser también un récord. Pero de lentitud, para un tren de alta velocidad.

(19 de abril de 1993.)

Justicia socialista

Tanto Rumasa como Filesa dejan perfectamente claro el plan del PSOE ante asuntos judiciales. Un plan tan simple como brutal: si contamos con las últimas instancias, nada debemos temer de la justicia. No importa que perdamos las primeras vistas, si ganamos los recursos en el Supremo y en el Constitucional. Fue lo que pasó con Rumasa y amenaza pasar con Filesa. Al Gobierno González no le importa la primera palabra en las causas en que se vea envuelto. Le importa la última, que es la que cuenta. Contando con esa última palabra, puede hacer lo que le dé la gana, obrar con absoluta impunidad. Que es como ha obrado todos estos años. Montesquieu, en efecto, está muerto. Que lo diga Guerra, pasa. Que lo diga González, duele. Pero que lo digan el fiscal general de Estado y el ministro de Justicia, al presentar recurso a favor de los implicados en el caso Filesa, subleva. Aunque el escarnio sería que quien le echase la última paletada fuese el Tribunal Constitucional o el Supremo. Se resiste uno a creerlo. Pero ha visto tanto en esta década socialista que ya nada le extrañaría.

(20 de abril de 1993.)

Gran coalición

Para saber lo que realmente piensa, siente y busca Felipe González, hay que pensar lo contrario de lo que dice. Diez años constatando el enorme bache entre sus palabras y sus hechos nos han llevado a esta regla de oro. Si Felipe González hace lo contrario de lo que dice por ser ya incapaz de distinguir la verdad de la mentira o por encontrar más fácil atacar los problemas por la espalda, no lo sabemos. Sabemos sólo que, desde la OTAN a Filesa, ha empezado diciendo una cosa y terminado haciendo la contraria. Según esta norma, lo que González dijo ayer en Viena sobre la imposibilidad de una gran coalición en España debe tomarse como el primer paso hacia ella. Además, es lógico. Sabe que un entendimiento con Anguita es imposible. Sabe que gobernar con catalanes y vascos será incomodísimo. Sabe, en cambio, que un pacto con el otro gran partido nacional le facilitaría mucho las cosas. Y le ha tirado los primeros tejos como las chicas de mi tiempo se los tiraban al chico que les gustaba: con un gesto de asco seguido de sonrisa prometedora. El problema va a ser cómo lo recibe el PP. Desde luego, alguno de sus viejos líderes, empezando por Fraga y terminando por Martín Villa, aceptarían formar parte de ese gobierno de salvación nacional, como ya le llaman. Aznar no parece tan convencido. Tal vez sueñe en ganar las elecciones. Tal vez tema gobernar del brazo de González. Porque con González, empieza uno del brazo y acaba diciendo una cosa y haciendo otra. Que es la primera de todas las corrupciones.

(21 de abril de 1993.)

Amedo

«Hoy te meterás con Amedo, ¿no?», me ha dicho un conocido sonriente. Pues no voy a meterme. ¿Qué culpa tiene Amedo de que le haya recibido el fiscal general del Estado? Si me meto con alguien, será con quien le recibió. Como Domínguez, recibido por Garzón, sin tener siquiera derecho. Amedo y Domínguez bastante tienen con los ciento y pico de años que les han caído por dirigir el GAL. Es esta una historia sucia que demuestra que lo que empezó mal, acaba mal. Amedo y Domínguez quieren su pago por haber cerrado la boca antes de un posible cambio de gobierno. Ante lo que urge que el Partido Popular declare solemnemente que no concederá el indulto, caso de que llegue al poder. Que sea el partido que lanzó la operación quien lave sus trapos sucios. Parece que ya está en eso. Por cierto, ¿imaginan la que se va a armar cuando se corra por las cárceles que el fiscal general del Estado considera «elemental» recibir a los condenados a altas penas que lo soliciten?

(22 de abril de 1993.)

Fichaje de Garzón

Felipe González ha fichado al juez Garzón para su equipo electoral. Con ello quiere demostrarnos que le preocupa la corrupción y está dispuesto a combatirla. ¿Es cierto? Naturalmente que no. Para combatir la corrupción, no se saca a un juez de su sala. Al revés, se le mantiene en ella y se le dan toda clase de facilidades para que cumpla con su misión. Sacando a un juez de su sala, lo que se consigue es que se persiga menos la corrupción. Pero la verdad y la lógica de nuestro presidente son así: acomodaticias. Incluso en sus intentos de ser sincero, el subconsciente le delata. Como puede ser este caso. La verdadera tarea de Garzón es la contraria de la que se proclama. Porque el Garzón político tendrá que estar, quiera o no, en la otra acera que el Garzón juez. Mientras tanto, tenemos ya la jugada más brillante de la campaña hasta la fecha: convertir al juez más temido de España en el florero más vistoso.

(23 de abril de 1993.)

Monarquía y elecciones

Cuando Felipe González ha tratado de aclarar lo que quiso decir invocando la monarquía en un mitin electoral, lo único que ha hecho es invocar de nuevo la monarquía. O sea, reincidir en el error. Es la segunda vez que intenta involucrar a la Corona en la presente batalla electoral. El caso es grave por dos razones. Porque bastantes de los problemas que tuvo nuestra Corona en el pasado fueron precisamente por descender a la arena política. Y segundo, porque los actuales monarcas han tenido un cuidado exquisito en mantenerse por encima de dicha refriega. Sin embargo, se ha intentado, como digo, dos veces arrastrarles a ella. La primera fue la filtración interesada a un corresponsal italiano de que el monarca «estaba preocupado por un posible triunfo del Partido Popular». La Zarzuela lo cortó de cuajo, desmintiendo el rumor antes incluso de que tuviera tiempo de volver aquí. La segunda ha sido más directa, más basta también: la invocación triunfalista del reinado de Don Juan Carlos I, hecha por Felipe González en Zamora, emparejándolo con su mandato de gobierno. Una forma de confundir una cosa con otra y de dejar en la poco sofisticada mente de los españoles la impresión de que quien vote a Felipe estará en realidad votando a Don Juan Carlos. Es una jugada sucia, que indica que en esta campaña vale todo.

(26 de abril de 1993.)

Adolfo Suárez

Empezó con el juez Garzón y va a acabar con Carlos III. Al final, meterá en su campaña el caballo de Santiago, el brazo de Santa Teresa y los toros de Guisando. ¿No se da cuenta el presidente que cuantas más ayudas ajenas busca, más deja en evidencia las carencias de su partido? ¿No comprende que cuanto más invoca a Suárez, más claras quedan sus diferencias con él? El 23-F, Adolfo Suárez se enfrentó a los guardias civiles que habían asaltado el Congreso, mientras Felipe González se metió debajo de los bancos. Suárez llevó a cabo la transición española con una imaginación, ímpetu y limpieza que asombraron a propios y extraños. Y cuando las cosas empezaron a torcérsele, sencillamente, se fue a casa. ¿Cómo tiene cara su sucesor para presentarse ahora como su compañero del alma, sin excusarse siquiera por los insultos tabernarios que le dirigió su segundo? La realidad es que cuanto más conocemos a Felipe González, más nos gusta Adolfo Suárez. De lo único que tiene que presumir González es de Juan Guerra, Filesa, los tres millones de parados, Flick y Flock y de la operación de acoso y derribo de Adolfo Suárez. El cinismo de este hombre reclama un alto como el que dio aquel general al senador McCarthy, cuando éste se erigía en guardián de las esencias patrias: «Señor, ¿es que no tiene usted vergüenza?»

(27 de abril de 1993.)

Listas electorales

En las listas electorales del PSOE echamos de menos a bastantes nombres famosos. No me refiero a un Fernando Morán o a un Luis Yáñez, más que excluidos, autoexcluidos. Me refiero a toda una serie de personalidades que están haciendo méritos para entrar en esas listas y lograr una cuarta victoria socialista en unas elecciones generales. De ahí que la verdadera lista del PSOE en Madrid sea la siguiente: Felipe González en cabeza. De segundo, ya saben, Supergarzón. De tercero, Julio Anguita. Sí, Julio Anguita. Eliminar a Cristina Almeida, Nicolás Sartorius y Pablo Castellano de las listas de IU representa medio millón de votos de la izquierda para el PSOE. Cuarto, don Elías Yanes.

La foto de Felipe González, tan pío, tan modoso, tan buen chico, con el nuevo presidente de la Conferencia Episcopal significa por lo menos cien mil votos. Siguen todos los periodistas que preguntan al presidente del Gobierno: «¿Está usted dispuesto a combatir la corrupción?», en vez de «¿Por qué no combatió la corrupción cuando se enteró de ella por los periódicos?» Y por último, los políticos italianos. Sí, los políticos italianos, que permiten decir a Felipe González que corrupción la hay en todas las democracias. Con estos compañeros de candidatura, ya puede ganar las elecciones.

(28 de abril de 1993.)

Garzón se explica

«Estoy cansado de mi trabajo y puedo ayudar a regenerar la vida pública española», dicen que dijo el juez Garzón a sus colaboradores, al anunciarles su salto a la política. Si lo dijo, estaba equivocado de medio a medio. Si Garzón quiere realmente regenerar la vida pública española, lo que tendría que hacer sería quedarse de juez. En el momento que ha saltado a la política, tendrá que hacer eso, política. Política de partido, además, o sea, partidista. Y el partidismo es lo contrario de la justicia. Tendrá que defender a los suyos como si fueran vírgenes indefensas, atacar a los rivales como si fuesen la encarnación de Lucifer, exagerar, distorsionar, ocultar, mentir. Esa es la política. ¿O cree que podrá continuar en ella como juez? No, hombre. Cada cosa en su sitio. Si quiere ser juez, si quiere velar por la moralidad pública y perseguir el bien común, no hubiera tenido que abandonar la magistratura. Como número dos de la lista del PSOE por Madrid, tendrá que hacer lo que hacen todos los políticos:

desayunarse cada mañana dos sapos, para estar en forma durante la jornada. O si no, hagamos una apuesta: ¿a que no se pone a investigar la financiación de los GAL, que se le negó cuando era juez instructor del caso? O sin ir tan lejos: ¿a que no entra en el despacho de Galeote a terminar la investigación que no pudo finalizar Barbero? Eso sí que sería regenerar la vida pública española, y todo lo demás son eslóganes electorales. Lo que sí creemos a Baltasar Garzón es que está cansado de su trabajo actual. Eso de detener cada vez más narcotraficantes para que cada vez haya más droga en la calle debe de ser bastante aburrido.

(30 de abril de 1993.)

Mayo de 1993

Barbero

Empiezo a creer que la inclusión del juez Garzón en las listas del PSOE fue producto de un error. A quien realmente quería meter Felipe González era al juez Barbero. Pero como él dirige tan de lejos los asuntos del partido, se limitó a decir: «Oye, meter a ese juez que arma tanto escándalo.» Y sus compañeros, los muy zoquetes, se fueron a por Garzón, que había salido en los periódicos casi todos los días. Pero el presidente pensaba en Barbero. Incluir a Barbero en las listas del PSOE hubiese sido la jugada magistral, el no va más de la política felipista. No sólo se acababa Filesa para siempre, sino que se acababa Barbero. ¡Menudo alivio! Pero se han confundido, y no han tenido más remedio que cargar con Garzón para no confesar el error. Que tampoco está mal. Un juez capaz de meter en la cárcel de una tacada a cincuenta mafiosos es lo que necesita González para meter en cintura a sus disidentes. En cualquier caso, sea Garzón o Barbero, este echar mano de independientes para las listas del PSOE indica lo poco que Felipe González confía en los suyos o lo mucho que confía en los de fuera. Diez años en el poder han bastado para que el más importante partido político español se quede sin candidatos atractivos. ¿Qué fue de tanto galán, qué fue de tanta invención? Verduras de las eras.

(3 de mayo de 1993)

Exageraciones

Durante la campaña electoral, los políticos gozan de lo que los alemanes llaman *Narrenfreiheit,* libertad de los locos, permitiéndoseles promesas y mentiras más gordas que de ordinario. Las promesas electorales están para no cumplirlas, dijo nada menos que don Enrique Tierno Galván. Es por lo que, cuando se aproxima este período, los ciudadanos nos disponemos a escuchar todo tipo de exageraciones, sin tomarlas demasiado en serio. Pero hay exageraciones y exageraciones. Y la que acaba de soltar Felipe González sobrepasa incluso la licencia de estos días. «Nuestra situación económica es muy parecida e incluso mejor que la de Alemania», dijo el presidente del Gobierno. Eso no lo cree ni Manuel Chaves. ¿Mejor nuestra situación que la de Alemania? Debe ser la razón de que todo el mundo quiera marcos y nadie pesetas, de que los alemanes exporten y nosotros importemos, de que ellos puedan bajar los tipos de interés y nosotros no, de que ellos inviertan y nosotros cerremos fábricas. Por este camino, el próximo argumento que presentará Felipe González para que le voten serán sus sienes plateadas, prueba de sus desvelos por la patria. O el chalecito que se está construyendo en Somosaguas con un préstamo. O que sus hijos suspenden, como todos, los exámenes. Cualquier cosa vale en período electoral. Vamos a contar mentiras. Vamos a ver quién cuenta la más gorda. De momento, el presidente va en cabeza, como corresponde.

(4 de mayo de 1993.)

Roca

Miquel Roca quiere hablar ya con Felipe González del próximo programa de gobierno. Caramba con el portavoz de Convergencia i Unió. Las prisas que tiene. Parece dar por seguro que el ganador de las próximas elecciones serán los socialistas, pero en minoría, por lo que tendrán que contar con ellos para gobernar. Es bastante posible. Pero, hombre, un poco de paciencia, de calma, de formas, de *seny*. ¡Que ni siquiera ha empezado oficialmente la campaña electoral! ¿Qué quiere negociar ya Miquel Roca con Felipe González? ¿La transferencia del 15 por 100 del impuesto sobre la renta? ¿La política económica del próximo gobierno? ¿Qué cartera le tocara a él? Si son los impuestos, mejor que se dirija a Rodríguez Ibarra o a Chaves, que ya le han dicho que no. Y por mucho que González necesite a los catalanes, más va a necesitar ese granero de votos socialistas que son Extremadura y Andalucía. En cuanto a la política económica del próximo Gobierno, antes hay que aclarar quién será el que la lleve, ahora que González ha dado a entender que Solchaga cae. Por último, la cartera que pueda caerle a él, ¿está seguro de que entrarán en el próximo Gobierno? Miquel Roca es un hombre muy fino, muy preparado, muy inteligente. Pero precisamente por eso comete errores garrafales. En política, no basta ser inteligente. Hay que ser también un poco bruto. La realidad es muy burra. Y a veces hay que tratarla como es. A patadas. Lo que necesita Miquel Roca no es una conversación con Felipe González, sino un curso rápido de José Luis Corcuera.

(5 de mayo de 1993.)

Bosnia

Si la segunda guerra mundial fue el fracaso de la civilización, la guerra de Bosnia es el fracaso de la razón. ¿Cómo es posible, es lo primero que se le ocurre a uno, que pueblos que han vivido medio siglo en paz, prosperando juntos, se estén matando como salvajes? ¿Cómo es posible que no pueda hacérseles ver que matando al vecino se están matando en realidad a sí mismos, al plantar la semilla de un odio que va a durar generaciones? Pues es posible porque la locura nacionalista se ha apoderado de todos ellos, incapacitándoles incluso para pensar. A los serbios, croatas y bosnios musulmanes no les diferencia la raza. Todos son eslavos. Les diferencia la nacionalidad. Alguien les ha metido en la cabeza que son distintos y deben vivir separados. Y como todos reclaman la misma tierra, no ven otra salida que eliminar a los demás. Es muy fácil echar la culpa a los serbios, y sin duda son los que más tienen. Pero todos son culpables, incluidos el resto de los europeos, que no supimos prever y evitar lo que se venía encima. Destruir un Estado es fácil. Tan fácil como peligroso, pues no hay, como tratan de decirnos los mesías nacionalistas, naciones puras. Todas las naciones están hoy entremezcladas, y la única forma de conseguir una nación pura es lo que se está haciendo en lo que fuera Yugoslavia: la limpieza étnica, la expulsión o exterminio del otro. Espero que la tragedia yugoslava sirva al menos de advertencia a nuestros ingenuos nacionalistas. Si desmontar Yugoslavia, que a fin de cuentas tenía sólo setenta años, ha resultado una bomba, desmontar España, con cinco siglos encima, resultaría un terremoto de fuerza diez. ¿Saben ustedes lo que queda después de un terremoto de fuerza diez? Nada.

(6 de mayo de 1993.)

Dimisiones

La diferencia económica entre Alemania y España es enorme, como sabemos todos excepto Felipe González, que dice andamos a la par. Pero la diferencia política es todavía mayor. Y si no, fíjense en este ejemplo. El ministro de Transportes alemán, Gunter Krause, acaba de dimitir por 7.000 marcos, unas 500.000 pesetas. Por 500.000 pesetas no dimite en España ni el bedel de un ministerio. Para dimitir un ministro, García Valverde sin ir más lejos, tuvieron que cambiar de mano cientos de millones de pesetas, sin llegar a saberse nunca dónde han ido a parar. Aparte que los 7.000 marcos no se los metió Herr Krause en su bolsillo. Eran los gastos de traslado de sus enseres domésticos desde Berlín a su pueblo. Aquí se traslada hasta el piano, en avión militar si es preciso, sin que extrañe a nadie. Esa es la mayor diferencia entre Alemania y España. Esa es la diferencia entre su democracia y la nuestra. Cuando a los socialistas se les llena la boca hablando de cómo han modernizado el país, de cómo le han europeizado y democratizado, me pregunto si es que no saben qué es Europa o, lo que sería peor, si no saben lo que es la democracia. Cuando se pregunta a un europeo qué es la democracia, contesta: el control de los dineros públicos. Y en control de los dineros públicos, en estos diez años, no hemos avanzado ni un milímetro. Más bien diría que hemos retrocedido respecto a los tiempos de UCD. Se dice a uno de nuestros ministros que dimita por 500.000 pesetas, y lo toma como un insulto. Vamos a ver si Garzón les convence de que, a estos efectos, 500.000 pesetas son como 500 millones. O le convencen a él de lo contrario.

(7 de mayo de 1993.)

El centro

¿Por qué todo el mundo se declara heredero de Adolfo Suárez, cuando casi nadie le vota? Es una de las mayores paradojas de nuestra política. Adolfo Suárez, como el Cid, está ganando batallas después de muerto. Muerto políticamente, pues de vida esperemos que le queden todavía muchos años. Pero al centro político le ha ocurrido un poco lo que le ocurriera al liberalismo: que fue víctima de su propio éxito. Todo el mundo es hoy liberal. Lo que hace ocioso votar a un partido sólo liberal. Del mismo modo, todos los partidos se han corrido hacia el centro. Dejando sin espacio al partido centrista. Lo que no impide que quien gane hoy las elecciones sea el partido que esté más en el centro. De ahí que todos se disputen ese lugar con verdadera saña. Los populares, poco a poco, han ido reuniendo a muchos de los hombres y mujeres que formaron la vanguardia de UCD: Marcelino Oreja, Arias Salgado, Javier Rupérez, Luis Gamir, Gabriel Cisneros, Álvarez del Manzano, Soledad Becerril. Felipe González, sintiendo el peligro, quiere neutralizarlos a todos con el mismísimo Adolfo Suárez. Sólo le ha faltado decir: «De votar, Suárez me votaría a mí.» O dicho con otras palabras: «El centro soy yo.» Pero el PSOE, hoy, es también Filesa, Malesa, Times Export, el despacho de Juan Guerra, los terrenos de Renfe en San Sebastián de los Reyes y los 900 millones de pesetas que se llevó de un envite el ex subsecretario de Industria Eduardo Santos. Y aunque la sombra de Adolfo Suárez es alargada, no sabemos si llegará a cubrir todo eso. Siempre, suponiendo que esté dispuesto a prestársela a Felipe González, que habría que verlo.

(10 de mayo de 1993.)

Intervención en los Balcanes

Hace sólo una semana, el Gobierno estaba dispuesto a comprometer tropas españolas en Bosnia. Casi diría «estaba ansioso». Esa idea de que no somos bastante europeos porque no hemos intervenido en las dos últimas guerras europeas está haciendo estragos en nuestros políticos. La realidad es que hemos intervenido en demasiadas guerras europeas. Por las comarcas de Baden he encontrado castillos con la inscripción: «Destruido por las tropas españolas en el mil seiscientos y tantos.» Pero a lo que íbamos. Nuestro Gobierno estaba dispuesto a intervenir activamente en Bosnia. Quienes no estaban eran los alemanes, los ingleses y, al fondo, los norteamericanos. Ante lo que nuestro Gobierno ha dado marcha atrás. Y llama a la oposición para decirla que no le critique, pues está haciendo política de Estado. No. Está haciendo, como casi siempre, su política. Para hacer política de Estado, este Gobierno hubiese tenido que hablar con la oposición antes de meterse en aquel avispero, no después. Como para hacer política europea hubiera tenido que hacer lo que no hizo nadie en Europa: prevenir esa tragedia. Porque lo de Yugoslavia no es sólo el fracaso de unos líderes locales cegados por el nacionalismo. Es también el fracaso de Europa, incapaz de ver lo que se le venía encima. Se permitió alegremente desmembrar un Estado sin haberse previsto las consecuencias. Se animó a la independencia a nuevas naciones, sin garantizar de antemano algo tan elemental como el trazado de sus fronteras y los derechos de sus minorías. En esas circunstancias, el drama estaba servido. Nadie lo supo ver. Hay incluso quien todavía no lo ve.

(11 de mayo de 1993.)

San Isidro

Todos están contra el paro. Todos prometen combatirlo, reducirlo. Pero ninguno dice la última verdad al país. La verdad es que, en los próximos años, tal vez décadas, tendremos que vivir con el paro, pues, de momento, no tenemos solución para él. Es la consecuencia de dos grandes revoluciones que acabamos de vivir. La primera de ellas es la del mercado global. Quien puede quitar el empleo a los trabajadores españoles no es el patrono, ni siquiera el obrero alemán o francés. Es el obrero tailandés o sudcoreano. Que son unos fieras. La segunda revolución es estratégica: acabada la guerra fría, lo que fue magnífico, han tenido que cerrarse una serie de industrias de armamento, lo que ya no es tan bueno, pues significaban miles, millones de puestos de trabajo, que se han ido para siempre. Necesitamos ajustarnos a la nueva situación. La tarta ya no crece cada año. Al revés, disminuye. Tocamos a menos. Y sin que sacrifiquemos algo los que estamos dentro, los que están fuera no podrán entrar. Pero nadie nos lo dice. Nadie se atreve a hablar de sacrificios. De lo más que hablan es de «esfuerzos». Este mediodía fui al banco. Era la una. No pude entrar. Cerrado desde las doce y media por la semana de San Isidro. Hacen muy bien los trabajadores de la banca, o de cualquier otro ramo, en tomarse ese recreo si lo han obtenido por contrato. Pero San Isidro tenía unos ángeles que le hacían la faena, suponemos que bien, mientras él rezaba. Y no coreanos que le hacían la competencia.

(12 de mayo de 1993.)

Mentiras y exageraciones

«¿Por qué dice usted que Felipe González miente? —me reconviene un espectador—. El presidente exagera un poco. Pero eso lo hacen todos los políticos. ¿Qué hay de malo en ello?» Lo malo es que Felipe González no se limita a exagerar. La contradicción entre sus palabras y sus hechos en asuntos trascendentales viene siendo su norma de conducta. Y como esto que digo es muy serio, van unos cuantos ejemplos: ¿Recuerdan aquello de OTAN, de entrada no? ¿Y recuerdan que, poco después, capitaneaba el referéndum para entrar en la OTAN? Cuando estalló el caso Juan Guerra, nos advirtió que si caía su hermano Alfonso, tendríamos «dos cabezas por el precio de una». Resulta que quien ha hecho caer a Alfonso Guerra es Felipe González. Ante los indignados estudiantes de la Autónoma, el presidente aseguró que «hay responsabilidades políticas en el caso Filesa», por las que se tomarían medidas. Al día siguiente sostenía que hay que esperar a que los jueces delimiten las responsabilidades legales para actuar. Ante los empresarios prometió que la ley de huelga se cambiaría sustancialmente. Ante su partido dio luz verde a que la ley se quedase como estaba. Desde finales del año pasado venía diciéndonos que agotaría la legislatura. O sea, elecciones en otoño. Y ya han visto, elecciones en junio. Ayer mismo aseguraba que no había nada alarmante que temer con la peseta. Hoy, devaluación. Yo tengo un método especial para averiguar el futuro de nuestro país: escuchar al presidente. Pensar lo contrario. Y bingo. Aunque reconozco que es jugar con ventaja.

(13 de mayo de 1993.)

Devaluación de la peseta

De cuantas mentiras se han contado estos días —y miren que se han contado— la más gorda es esa de que Aznar es el culpable de la última devaluación de la peseta. Antes, los culpables eran los especuladores. Ahora es Aznar, con sus comentarios pesimistas. Cualquier cosa con tal de no reconocer la verdad. Una verdad tan simple como dura: la culpable de la devalución de la peseta ha sido la política económica española. Una moneda es el termómetro de una economía. Si la economía va bien, la moneda sube. Si va mal, la moneda baja. Y esto, que puede explicárselo a ustedes cualquier alumno de primero de Económicas, no lo saben en nuestro Ministerio de Economía. Responsable de que haya bajado la peseta ha sido la debilidad de nuestra economía. O sea, sus responsables. El gran error de éstos fue confundir los términos. Hagamos fuerte la peseta a base de altos intereses, se dijo Solchaga, y la economía será fuerte. Es como si para obtener buen tiempo, alguien hiciera subir el termómetro poniéndole una cerilla debajo. Eso es confundir buen tiempo con temperatura, causas con efectos. Ya han visto el buen tiempo que hemos tenido aquí. En cuanto a los que culpan a Aznar de ser el culpable de la devaluación, ¡ya quisiéramos que fuera verdad! Si fuese capaz de hacer bajar nuestra moneda con unas palabras mágicas, también podría hacerla subir. Menudo tío. Por desgracia, no es así. Para que suba la peseta se necesita sanear la economía española del pelotazo, la especulación, el despilfarro, los impuestos, el amiguismo, la corrupción, en suma, y llevarla por el camino del ahorro y la productividad, que siguen siendo las bases del auténtico progreso de las naciones. Y para eso no hay palabras mágicas. Hay sólo honestidad y trabajo. Algo que ha faltado en España durante los últimos años.

(14 de mayo de 1993.)

Matilde Fernández

De cuantas declaraciones se han hecho en esta precampaña, la más arriesgada y sorprendente ha sido la de doña Matilde Fernández, ministra de Asuntos Sociales: «Los hombre del PP usan mucho el preservativo fuera de casa.» ¿Cómo lo sabe doña Matilde? Porque esas cosas, a diferencia de lo de Filesa, no están en los periódicos. Estas cosas suelen saberlo sólo los más directamente afectados y la costilla del interfecto, si es que le sigue los pasos de cerca. Y como doña Matilde, que sepamos, no está casada con nadie del PP, su información puede hacer pensar mal incluso a los bien pensados. No es ese su caso. Aunque dicen que la política hace extraños compañeros de cama, no creemos que doña Matilde ande averiguando por su cuenta y riesgo los hábitos amorosos de sus rivales. Creemos más bien que ha sido una fantasía onírica de la ministra, o bien producto de uno de esos estudios que encarga su ministerio sobre el comportamiento en la cama de los españoles, que nos cuestan un riñón. En cualquier caso, doña Matilde debe sentirse satisfecha y lanzar su afirmación más con orgullo que con ira. ¿No fue ella la que lanzó la campaña «Póntelo, pónselo»? Bueno, pues ya tiene a la oposición siguiendo las instrucciones de su Ministerio de Asuntos Sexuales.

(17 de mayo de 1993.)

Comienza la campaña

No sé qué opinan ustedes del comienzo de la campaña electoral. Para mí, ha sido una desilusión. Tanto el PSOE como el PP han montado un numerito de pena. Habían pegado previamente un enorme cartel, lo habían cubierto con una especie de cortinaje y cuando llegó el momento, el encargado descubrió solemnemente el engendro, como si fuera la estatua de un general famoso o de un poeta ilustre. Querían ser muy modernos y han resultado unos cursis. Además, sin mancharse las manos. Pegar carteles fue lo que hicieron Roca y Pujol: agarrar la brocha y ponerse a la nada fácil tarea de adherir a una pared un gran papel sin que se arrugue demasiado, sin temor al ridículo y sin quedar con el traje hecho una pena. Mojarse, en suma, y además, con cola. Pero los dos grandes partidos han preferido el perifollo. Si la campaña va a ser esto, vamos listos. Toreo de salón, estereotipos, aburrimiento. Pienso que la culpa la tienen los asesores de imagen, que han aterrizado en los partidos como una plaga. Estos llamados expertos son capaces de quitar la espontaneidad a un niño. No hagas esto, no digas lo otro, sonríe aquí, ponte allá. Los pobres candidatos acaban, naturalmente, como un flan, que es como ha terminado el ex juez Garzón. A nosotros nos parece mucho más entrañable Serra con sus parpadeos, Aznar con su bigote o Guerra dando caña. Son ellos mismos, que es de lo que se trata. Mientras que empezamos a ver muñecos de guiñol. Esperemos que, pese a este desafortunado comienzo, la campaña se encarrile como debe ser: como la única guerra permitida en una democracia.

(20 de mayo de 1993.)

¿Qué hizo cuando lo supo?

Finalmente, Felipe González ha contestado a la primera pregunta que nos debía a los españoles: cuándo y cómo se enteró del caso Filesa. «Me enteré por los medios de comunicación», ha dicho. ¡Cuánto honor y cuánto miedo! Todo el sistema de información en torno al presidente no se enteró de una trama de extorsión que envolvía a las empresas más importantes del país y al propio partido gubernamental. Pues sí que estamos buenos. Como le tengan así de informado de lo que pasa en el norte de África o en la misma Europa es como para echarse a temblar. Y lo primero que tendrían que hacer los jefes de esos servicios sería dimitir. Para que el presidente se entere por los periódicos, no hacen ninguna falta. Pero Felipe González sólo ha contestado a la primera de las preguntas que nos debía. La segunda está todavía por contestar: ¿qué hizo cuando se enteró de la extorsión? Porque el caso Filesa lleva dos años en los titulares. Desde que el contable de la empresa denunció que se dedicaba a sacar dinero a las principales firmas del país a cambio de informes inexistentes. Dinero que iba al partido gubernamental. ¿Qué hizo entonces Felipe González? ¿Abrir una investigación? ¿Suspender a los presuntos responsables? ¿Ayudar a la justicia en sus investigaciones? Pues nada de eso: hizo todo lo contrario. Impidió que se nombrara una comisión parlamentaria investigadora. Permitió que se obstaculizara la labor del juez instructor y negó todo tipo de ilegalidad. Incluso hoy, con todas las pruebas sobre la mesa, sigue diciendo que Galeote y Navarro no han hecho nada malo, «ya que no se han aprovechado personalmente del asunto». ¡Pero, don Felipe, no intente otra vez darnos gato por liebre! Si nadie ha dicho que los implicados se metieran ese dinero en su bolsillo. De haber sido así, la cosa no sería tan grave. Lo grave es que todo apunta a que ese dinero ha ido a su partido. ¿Y qué hizo usted? Nada. Dos años subido al guindo. Por cierto, dice también que no sabe quién ordenó la trama de Filesa. ¿No tiene siquiera curiosidad por enterarse?

(21 de mayo de 1993.)

Primer debate televisado

¿Quién ganó el debate de anoche? Incluso admitiendo que Aznar ganó la primera parte, dedicada a la política nacional, y González la segunda, dedicada a la política exterior, lo ganó

Aznar pues los asuntos domésticos importan siempre más que los internacionales. Pero es que incluso un empate favorecería al aspirante. Los pronósticos eran que Felipe, con su labia, tablas y carisma, iba a comerse crudo a su rival. Que éste le empatara sería ya un triunfo, como si el Rayo empatase al Madrid. Pero es que tampoco hubo empate. Aznar estuvo más preciso, más brillante, más contundente. Más televisivo incluso, lo que fue la gran sorpresa. Le faltó, eso sí, gracia, ironía. Pero es que a González le faltó todo. Daba la impresión de uno de esos boxeadores veteranos, que suben al ring confiando en su experiencia, capeando la arremetida del rival más joven, en espera del contragolpe con suerte. Desgastado, fofo, avejentado, aburrido. Su *charme,* su carisma, parecían haberle abandonado. No faltarán psicólogos aficionados que digan que Felipe González busca inconscientemente perder las elecciones para irse a descansar. Pero esos no le conocen bien. Mucho más próximo a la realidad es que se ha quedado sin discurso, sin argumentos y sin ilusiones. Y es que la caída del muro berlinés trajo no sólo el desplome del comunismo. Se hundió también el socialismo, con todo lo que representa de protagonismo gubernamental en la vida pública. Eso significa un drama para Felipe González: o deja de ser socialista para poder gobernar, o deja de gobernar para poder ser socialista. Hasta ahora, con esa habilidad tan suya de encantador de serpientes, había conseguido aunar ambas cosas. Pero es imposible mantener la ficción por más tiempo. La magia se ha roto. No hay que descartar que se recupere y en el segundo debate exhiba todo su virtuosismo dialéctico. Pero su contrincante sabe ya que su mandíbula es de cristal, que no tiene respuestas al paro y a la corrupción, que empieza a ser, en suma, un Luis Miguel *Dominguín* o un Kubala de la política: una vieja gloria. Vamos a ver si es capaz de sacar provecho de ello.

(24 de mayo de 1993.)

Milagros

¿Qué ha ocurrido a Felipe González para perder su primer debate con Aznar? Él mismo, sin darse cuenta, nos ha dado la clave de su desfonde: «No hay que esperar milagros», ha dicho. Se equivoca de medio a medio. La gente sigue esperando milagros. Incluso en esta era materialista y tecnificada. Diría que hoy más que nunca, para compensar tanta técnica y materialismo. Un líder tiene que ser algo más que un jefe de negociado. Aparte de administrar, tiene que ilusionar, que seducir. Un gran líder tiene que ser un gran seductor. Como lo ha sido Felipe González. Y como en este debate no fue. Se convirtió, no sé si por propia voluntad o por no poder evitarlo, en un tecnócrata del poder, en un hombre que no inspira, que no mueve, que no ilusiona, que no despierta entusiasmo ni confianza. Claro que es muy difícil despertar ilusiones y generar confianza con la corrupción pesando sobre las espaldas. Tal vez sea eso, la corrupción, lo que ha convertido a Felipe González en estatua de sal, al mirar hacia atrás y ver España arrasada.

(25 de mayo de 1993.)

Premio Carlomagno

¿Dónde está el corazón de Europa? Difícil decirlo, ¿verdad? Europa tiene muchos corazones, de Roma a Santiago, pasando por Weimar y Praga. Pero hay un lugar donde se funden las dos vertientes de la cultura europea, lo latino y lo germánico: Aquisgrán, el Achen de los alemanes, el solar de Carlomagno, primer soñador de la Europa unida. Que un español, en este caso el presidente del Gobierno, reciba el premio que lleva tal nombre debe enorgullecernos a todos. Enorgullecernos, pero no deslumbrarnos. Corren malos tiempos para Europa. Mil novecientos noventa y tres, que iba a ser el año de la consolidación de su unidad, está resultando el año de la crisis. No de esas crisis cíclicas del capitalismo, que alternan con los períodos de expansión. Se trata de algo mucho más profundo. Tanto que hay que empezar casi de cero para descubrir nuevas soluciones a los viejos problemas. Está en peligro el pacto social implantado en nuestro continente tras la segunda gran guerra. Un sistema en el que los vaivenes del capitalismo quedaban amortiguados por una red de subsidios estatales. La nueva situación requiere un reajuste del sistema y de las mentalidades. Ya no puede seguir creyéndose que los beneficios aumentan automáticamente cada año. Tenemos que acostumbrarnos a vivir con el paro en alza y las expectativas a la baja. Por no servir, no sirve ya ni el sistema alemán. Hasta la Mercedes y la Volkswagen han comprobado que la calidad de un producto no compensa los costes traídos por altos salarios, impuestos tope y prestaciones sociales plenas. Así es imposible competir en el mercado global con los asiáticos. Lo que representa más paro. Del medio millón de licenciados que salen cada año en Europa occidental, sólo un décimo, cincuenta mil, encuentra trabajo. Los norteamericanos llevan tres años con esta readaptación, y todavía no la han conseguido, pese a tener una sociedad mucho más flexible que la nuestra. A Europa le va a costar bastante más. A los españoles, qué voy a decirles. Nos queda, de todas formas, el consuelo del premio Carlomagno.

(26 de mayo de 1993.)

Poder y corrupción

¿Por qué se mete usted tanto con los socialistas?, me escribe un espectador. La cosa es bastante simple, al menos para los que creen, como yo, que los periodistas estamos para denunciar los abusos que se cometen, aparte de para entretenerles un poco, aunque no siempre lo conseguimos. Y como el Partido Socialista ocupa desde hace diez años no sólo el poder, sino el poder absoluto, tiene muchas más posibilidades de cometer abusos que los demás. Lo que ha terminado siendo su perdición, pues, en una democracia, los abusos, tarde o temprano, se pagan. La realidad lo confirma: comparen ustedes las corruptelas del PP y las del PSOE y verán la misma distancia que hay entre una mayoría arrolladora y una oposición más bien debilucha. Es la distancia que existe entre Palop y Filesa, entre los *gaiteiros* de Fraga y el tren AVE. Unos manejan los presupuestos generales del Estado, los medios de comunicación públicos, la fiscalía general y toda una serie de instancias superiores. Los otros tienen que contentarse con manejar alguna autonomía, y ni siquiera todas ellas de forma total. Lo que ha hecho, deshecho y maltrecho el PSOE durante su década de poder omnímodo es bastante más de lo que pudo hacer el PP durante el mismo período. Es lógico que se lleven también más críticas, al menos de este periodista, que piensa que los medios de comunicación no somos un poder, sino un contrapoder. ¿Y qué pasará si el 6 de junio gana el PP? Por mi parte, la cosa está muy clara: seguiré criticando, no al PSOE, sino al que ocupe el poder.

(27 de mayo de 1993.)

Segundo debate

Se habían preparado mejor para este segundo debate. Sobre todo Felipe González, que pecó de exceso de confianza en el primero. No esta vez. Salió en tromba. A veces incluso desmelenado. Esgrimiendo todo tipo de cifras, aunque no son su especialidad. Mientras Aznar trataba de repetir la estrategia que tan buen resultado le dio en el primer debate: golpear la ceja abierta del enemigo, con el paro, la falta de credibilidad del adversario y también abundante uso de cifras. ¿Quién ganó? Los socialistas dicen que González; los populares, que Aznar. Como es obligado. Pero es este un país en el que la pasión priva y el presidente, por lo menos, ha conseguido devolver el ánimo a los suyos, que tan alicaídos andaban. No creo que este debate haya decidido nada. Simplemente, ha restablecido el desequilibrio con que se saldó el primero. Las cosas vuelven a estar como estaban y la pelota sigue en el tejado.

(31 de mayo de 1993.)

Junio de 1993

La corrupción, soslayada

¿Qué derecho tenían González y Aznar a hurtarnos a los españoles el tema de la corrupción en su segundo debate televisado? Ninguno, siendo la corrupción uno de los grandes problemas de la vida nacional. Diría incluso el problema de fondo. Me contestarán que más urgente es el del paro. Responderé que eso es tomar el rábano por las hojas. Cada vez son más los especialistas que destacan el factor psicológico en la economía. Por eso fallan tantos análisis puramente matemáticos de ella: por no tener en cuenta el ánimo, la moral, el talante del público. Pues de este talante dependerá que se gaste o no se gaste, que se invierta o no se invierta, que se defraude o no se defraude. El talante, a su vez, depende de que se tenga o no confianza en el sistema y en sus dirigentes. Y la corrupción destruye esa confianza. Miren ustedes por dónde, la corrupción aparece al fondo del problema económico. ¿Por qué no se habló de ella en el segundo debate? Nos dicen que fue casualidad. Mucha casualidad es esa. Más probable es que se dijese a los populares: «Como saquéis Filesa, sacamos Naseiro.» O incluso: «Si nos liamos a hablar de corrupción, hundimos definitivamente la peseta.» Y los populares picaron. Sin darse cuenta de que la peseta no se defiende ignorando las corruptelas, sino denunciándolas. En el pecado llevan el castigo. Han perdido el segundo debate y encima la gente dice: «Cuando no han querido hablar de ello, es que los dos están pringados.» Que era posiblemente lo que Felipe González buscaba.

(1 de junio de 1993.)

Moderar un debate

¡Lo que deben envidiar los árbitros de fútbol a los moderadores de los debates televisados! Ya sabemos que la principal misión de un árbitro de fútbol no es arbitrar un partido. Es dar una justificación al equipo que ha perdido. «Fue el árbitro, que no vio aquel penalti», ruge el entrenador de los perdedores. «Nos robó el partido», claman sus seguidores. Y el presidente sentencia: «Ese no vuelve a arbitrarnos. Le hemos puesto el veto.» Y todos tan contentos. Los vencedores con sus dos puntos; los perdedores, con la cabeza del árbitro, y el árbitro, resignado con su suerte. ¡Qué diferencia con los debates televisados! En los debates televisados, el moderador se mantiene al margen del resultado, y así, a nadie se le ha ocurrido atribuir a Manuel Campo Vidal la derrota de Felipe González en el primer encuentro, o a Luis Mariñas la de José María Aznar en el segundo. Quien más quien menos reconoce que el fallo estuvo en la preparación, técnica o habilidad de su candidato. ¡Qué bien! Ahora que me hace pensar si no ocurre porque los españoles nos tomamos más a pecho el fútbol que la política.

(2 de junio de 1993.)

Catalanes y vascos

No se sabe quién va a perder las elecciones del domingo, pero se sabe ya quién va a ganarlas: los nacionalistas vascos y catalanes. Ellos incluso lo proclaman. Las cuentas que hacen son muy simples: quienquiera que saque mayoría, no será suficiente para gobernar, por lo que tendrá que contar con ellos. A mí no me parece mal lo primero ni lo segundo. Considero sano que deje de haber un gobierno prepotente y que el próximo tenga que echar mano de los pactos. A fin de cuentas, el compromiso es la esencia de la democracia. Y considero importante que los nacionalistas periféricos se vean implicados en la política nacional. Uno de los dramas españoles es precisamente que dichos nacionalismos han ido por libre, e incluso a la contra. Verles responsabilizarse en las tareas del gobierno de la nación creo que sería provechoso para todos. Siempre, naturalmente, que se sintieran responsables ante todos los españoles, y no sólo ante los ciudadanos de su comunidad autónoma. Porque en ese caso, ese no sería un gobierno, sería una casa de locos, tirando cada uno por su lado. Tengo la esperanza de que tanto Pujol, como Ardanza, como Roca, como Arzallus sean lo suficientemente inteligentes para darse cuenta a estas alturas de la profundidad de la crisis económica y de que aquí no hay salvación individual. Aquí, o nos salvamos todos o nos hundimos todos, por la sencilla razón de que estamos todos en el mismo bote.

(3 de junio de 1993.)

Consuelo para el perdedor

Que no se aflija mucho el perdedor de las próximas elecciones, que puede incluso salir ganando con ello. El vencedor, en cambio, lo tiene muy crudo. Todo apunta que su mayoría será mínima, mientras los problemas a resolver serán enormes. Si se añade que la coalición tendrá que formarla con catalanes y vascos, que le pondrán condiciones altas —un banco nacionalista, el 15 por 100 del impuesto sobre la renta—, la cosa se pone imposible. ¿Qué va a pasar entonces? Pues que el partido que gane el día 6 comenzará el 7 una peregrinación de Herodes a Pilatos para formar gobierno con ellos. E incluso si logra formarlo, cosa nada segura, las tensiones dentro de él serán tales que no le va a ser fácil gobernar. Mientras los problemas sobre el país no harán más que agigantarse. ¿Qué remedio tiene esto? Sólo uno: nuevas elecciones que despejen tan confuso panorama. Otras elecciones, a las que el partido que haya gobernado durante ese tiempo llegará totalmente desgastado. Lo que significa que el vencedor de pasado mañana será posiblemente el perdedor de los próximos comicios, y viceversa. Es por lo que llamo a este comentario Consuelo de Perdedores. Lo que tampoco es un consejo para que se busque aposta la derrota el domingo. Eso nunca. En política, como en la vida, hay que tomar los trenes en marcha, y luego, ya veremos. Pues lo que decimos los comentaristas puede salir o no salir. Lo que dicen ustedes, en cambio, a través de las urnas, sale siempre.

(4 de junio de 1993.)

Cuarta victoria socialista

Mientras los vencedores de ayer tienen motivos más que suficientes para estar satisfechos, bastantes perdedores dicen: «Este país es una mierda. Tiene lo que se merece. Yo me borro.» Es lo más fácil, lo más cómodo. Y lo menos inteligente, lo menos democrático. Lo menos inteligente, al dar coces contra el aguijón. Lo menos democrático, porque democracia significa gobierno del pueblo. El pueblo español ha hablado y elegido claramente un partido. Podrá gustarnos o no. Pero ante esa realidad, lo único que cabe hacer es lo que hizo anoche José María Aznar: felicitar al vencedor y prometer seguir trabajando por el progreso de la nación. Todo lo que no sea eso, es antidemocrático. Dicho esto, déjenme señalar una paradoja: el PSOE ha ganado gracias al conservadurismo del pueblo español. Conservadurismo, no me han oído mal. El pueblo español se cree de izquierdas, pero de hecho es conservador. Conservador en las estructuras, en el sistema, en la forma de gobernar. Conservador en el sentido de que prefiere lo que hay a lo que pueda haber. Al español le da vértigo el cambio. Dice que más vale mal conocido que bien por conocer, y se ríe con el chiste del peregrino a Lourdes, que pedía a la Virgen quedarse como estaba. Aquí, los cambios siempre han venido desde arriba, nunca de abajo. Franco murió en la cama. La democracia la trajeron el Rey y algunos hombres del viejo régimen. Y lo que parecía el gran cambio, el triunfo socialista de 1982, fue en realidad el hundimiento de UCD. Si UCD no hubiera sido dinamitada desde dentro, puede que Suárez estuviese todavía en el poder. Ahora, el pueblo español se ha acostumbrado a los socialistas, a su mensaje, a sus escándalos, a su prepotencia. Les conoce y sabe por dónde tiran. Así que prefiere seguir con ellos antes de embarcarse en aventuras. Todo lo más, les ha quitado la mayoría absoluta. De ahí que miremos con mucho escepticismo ese «cambio del cambio» que prometía anoche Felipe González. En España, cuanto más cambian las cosas, más son las mismas.

(7 de junio de 1993.)

¿Quién ganó?

¿Quién ganó las pasadas elecciones? Pues vaya pregunta —me dirán ustedes—. Las ganó Felipe González, y además, desahogadamente. ¿Están seguros? Porque resulta que Felipe González encabezaba la lista del PSOE en Madrid y perdió frente a la lista del PP, encabezada por Jose María Aznar, por 200.000 votos. Mientras en Sevilla, Alfonso Guerra barría, con el mayor margen de victoria en todos los comicios. Es lo que va proclamando él a cuantos quieren oírle, y a buen entendedor, pocas palabras bastan. ¿Siguen opinando que Felipe González ganó él solito las elecciones? Posiblemente es lo que más se aproxima a la realidad. Pero la cosa es más compleja de lo que a primera vista parece. La realidad es también que la victoria se forjó en los feudos guerristas, Andalucía y Extremadura, que aportaron los votos decisivos para establecer la diferencia. En esto hay que dar la razón a Ibarra, Sanjuán y otros leales del ex vicepresidente. Lo que pasa es que Felipe es el bueno y Alfonso el malo de la película, y todo lo bueno se atribuye al primero, mientras todo lo malo se le carga al segundo. No tiene éste que quejarse, porque él mismo ha elegido ese papel. Lo venía interpretando a maravilla hasta que se descubrió el chiringuito financiero de su hermano y hubo que prescindir de él. Estamos en el primer acto de la nueva etapa. Aquel donde se descubre que Felipe no es tan bueno, ni Alfonso tan malo. El segundo será darse cuenta de que no es sólo Felipe el que gana las elecciones. El tercero nadie puede predecirlo.

(8 de junio de 1993.)

¿Quién perdió?

¿Quién perdió las elecciones? Un momento, no se precipite en contestar, que puede caer en contradicciones. Quién ganó es fácil: Felipe González y, en último caso, Alfonso Guerra. Pero quién perdió es más complicado. Perdió, sin duda, el Partido Popular, pese al aumento de votos. Perdieron los nacionalistas vascos y catalanes, que no lograron ser indispensables para la formación de nuevo gobierno. Perdió Izquierda Unida, que no capitalizó el voto progresista. Perdió Herri Batasuna, que vio descender su apoyo. Perdieron los Verdes, Ruiz-Mateos, Jesús Gil y otras fuerzas marginales. Pero la gran paradoja de este domingo lleno de ellas es que pudo perderlas también el PSOE. Ya oigo el rugido de muchos, pero mil rugidos no borran una realidad. Y la realidad es que Felipe González no nombró ni una sola vez a su partido a lo largo de la campaña. Y sus primeras declaraciones tras la victoria fueron para proclamar la necesidad de un cambio. Parece incluso sentirse más a gusto entre los independientes que entre sus viejos camaradas. Su fino olfato le dice que el futuro no es socialista, sino plural, independiente, limpio, eficaz. Justo lo contrario de un aparato partidista, envuelto en demandas judiciales. Es por lo que digo que a la larga lista de perdedores, puede añadirse el PSOE tradicional, aunque Guerra clame que es tan vencedor como Felipe. La gran paradoja es que Felipe parece ser el encargado de dar la puntilla a su propio partido. Supuesto, naturalmente, que lo que dijo el domingo sobre el «cambio del cambio» fuera un firme propósito y no un brindis a la galería en la euforia de una noche de victoria.

(9 de junio de 1993.)

Fórmulas para gobernar

La paradoja de las elecciones del domingo es que las han ganado los socialistas, pero la fórmula socialista no sirve para solucionar el problema más urgente que tiene España: el económico. Es más:

de aplicarse las fórmulas socialistas, la economía española se irá por la cañería. Por no valer, no valen ni las fórmulas socialdemócratas que practica Solchaga, dando cancha a la iniciativa privada, pero controlándola desde el Gobierno. Para salir de la profunda crisis que atravesamos, la única fórmula es la productividad, la eficacia, la disciplina y el trabajo. Y eso no lo consiguen ni socialistas ni socialdemócratas, con sus paternalismos, subvenciones, impuestos, burocracia y más atención al reparto de la riqueza que a crearla. Son fórmulas para tiempos de vacas gordas. En las vacas flacas, sólo hay miseria que repartir. Eso es lo que Felipe González debe estar meditando en sus paseos en solitario por la sierra de Cazorla, tanto o más que con quién va a pactar el próximo gobierno, con Jordi Pujol o con Alfonso Guerra, que es ya otra historia. ¿O es la misma? Porque de que pacte con Pujol o que pacte con Guerra dependerá qué política decide: la liberal o la socialista. Y él es el primero en saber que con la socialista se ganan elecciones, pero no se saca un país de la crisis. Al revés, la victoria del domingo se convertiría en más déficit, más devaluaciones, más paro, más miseria. Una victoria, en fin, pírrica.

(10 de junio de 1993.)

Las dos Españas

Hay una expresión, salida de las últimas elecciones, que empieza a preocuparme. La de la España que gana y la España que cobra. La primera es la España de las comunidades productivas, donde se genera trabajo, se gana más y se pagan, por tanto, más impuestos. La segunda es la España donde el paro está extendido y los subsidios de diferentes clases son también mayores. La brecha entre ambas no hace más que aumentar. Incluso políticamente. Porque en la primera España triunfó mayoritariamente la oposición, mientras en la segunda triunfaron avasalladoramente los socialistas. Lo que está trayendo enormes tensiones. «Que paguemos más impuestos, bien, ya que tenemos un mayor desarrollo —me decía anoche un pequeño empresario—. Que contribuyamos al sostenimiento de las zonas deprimidas, pues también, ya que el principio de la solidaridad es la base de las sociedades modernas. Pero que encima quieran gobernarnos, ya es demasiado.» Hay una base real para tal reclamación. La victoria del PSOE se ha basado precisamente en su ventaja de escaños en esas zonas que reciben más que dan. Esto no va a poder mantenerse eternamente, porque la naturaleza humana no es generosa. Unos cuantos años más así y no serán sólo los catalanes los que pidan un porcentaje del impuesto sobre la renta que les sacan. Serán todas las autonomías que dan más que reciben, independientemente de que las gobiernen nacionalistas u otras fuerzas. Nadie está dispuesto a dar indefinidamente más de lo que recibe, y encima dejarse gobernar por los que subvenciona. Tenemos bien a mano el ejemplo italiano, donde las regiones del Norte se han unido en una Liga Lombarda. Y eso significa la quiebra de la nación. En sus paseos en solitario estos días, Felipe González tiene que meditar muy a fondo sobre este problema. De poco le va a servir seguir ganando elecciones si España se quiebra entre los que dan y los que toman. Igualarlos es su tarea más urgente.

(11 de junio de 1993.)

Sindicatos

Mucha gente ha reprochado a Miguel Boyer que acusase a los sindicatos de ser los culpables del aumento del paro, viviendo en una mansión con aire acondicionado para el perro. Pocas veces se han confundido tanto los términos. Aunque viviera en el mismísimo palacio de Versalles, seguro que más incómodo que su mansión en Puerta de Hierro, no sería menos válido su argumento. El ex ministro de Hacienda ha dicho algo que muy pocos se atrevían a decir en España, aunque algunos lo habíamos escrito hace ya tiempo: que los sindicatos, después de haber sido un motor de la sociedad y los principales defensores de los trabajadores durante más de un siglo, se han convertido en un lastre para esa sociedad y en los enemigos de los trabajadores más desamparados. Suena duro, pero más dura todavía es la realidad. Los sindicatos se han convertido a estas alturas en un grupo de presión, como tantos otros en toda sociedad plural, que buscan sólo el mayor beneficio para los que están dentro de él, generalmente a costa de los demás. Por no representar, no representan ya a toda la clase trabajadora. Representan tan sólo a los trabajadores con empleo fijo y estable, que serán cada vez menos. Y cuantos más beneficios obtengan para ellos, menos quedarán para el resto. Pero eso, con ser grave, no es lo peor. Lo peor es que los sindicatos mantienen la mentalidad decimonónica de que el enemigo del trabajador es el patrono. Y que a éste hay que sacarle lo más posible, desentendiéndose del resto. Eso podía ser antes. Hoy, ya no. Hoy, el verdadero enemigo del trabajador español es el trabajador francés, alemán, belga. O más peligroso, el japonés, coreano o filipino, que son los que producen más barato, obligando a cerrar a sus empresas y dejándole sin empleo. Hoy, trabajador y empresario están en el mismo bote, y si se hunde el uno, se hunde el otro. Desgraciadamente, nuestros sindicatos todavía no lo han visto. Y mientras no lo vean, el paro seguirá aumentando en España y Miguel Boyer seguirá teniendo razón pese a los dieciséis cuartos de baño de su pequeño palacio.

(14 de junio de 1993.)

Felipe y Alfonso

Le voy a pedir prestada a Julio Camba la parábola del buzo y su ayudante, para explicar las relaciones más importantes hoy en España: las de Felipe González y Alfonso Guerra. El buzo, dice el filósofo humorista, hace su trabajo en el fondo del mar gracias al oxígeno que le envía su ayudante desde la superficie. Puede el ayudante dejar de enviárselo. Pero entonces el buzo se asfixia y le dejaría sin trabajo. Del mismo modo, el buzo puede dedicarse allá abajo a otras cosas, contemplar las sirenas, por ejemplo, con lo que el ayudante trabajaría en vano. Pero entonces sería el buzo quien se quedaría sin empleo. Mayor simbiosis laboral, imposible. En la España de hoy, Felipe González es el buzo, que sale en busca de votos, y Alfonso Guerra el ayudante, que le presta el apoyo del partido. «Sin mí, no ganáis elecciones», puede decir el presidente. «Sin el partido, no podrías hacer nada. Ya viste lo que le pasó a Suárez», puede responderle su ayudante. Así es como continúan unidos por el cordón umbilical del imperativo político, aunque sus concepciones de gobierno sean distintas, y sus relaciones personales cada vez más distantes. La tentación de mandar el partido a freír espárragos ronda a Felipe, como la del partido de jubilar al líder. Pero luego se acuerdan del buzo y de su ayudante, y aguantan. Aguantan hasta que el partido se agencie un nuevo buzo, o hasta que Felipe se agencie un nuevo ayudante. De momento, no lo han encontrado. Pero con el aumento del paro, sólo es cuestión de tiempo que uno u otro, o los dos, lo encuentren.

(15 de junio de 1993.)

¡Que viene la derecha!

Los españoles tenemos que acostumbrarnos rápidamente a algo nuevo para nosotros: que en política, dos cosas contradictorias pueden ser verdad al mismo tiempo. Por ejemplo, que habiendo ganado Felipe González las elecciones al grito «¡Que viene la derecha!», pacte con la derecha nacionalista. O que la derecha nacionalista, después de haber librado una batalla a muerte con los socialistas en su casa, se alíe con ellos en Madrid. Eso sólo nos advierte ya de que entramos en una era completamente distinta. Hasta ahora, todo era blanco y negro, Gobierno y oposición, derecha e izquierda. En adelante, empezarán a entremezclarse y vamos a ver pactos con aire de cuernos, y cuernos en forma de pactos. Aunque con el primero que tendrá que pactar Felipe González será con su propio partido. De momento, la mayor oposición la tiene, no enfrente, sino detrás. ¿Aceptará el bloque guerrista el pacto con los catalanes? Qué remedio le queda. ¿Aceptará un ministro de Economía que sea un calco de Solchaga? A regañadientes. ¿Aceptará la cesión del 15 por 100 del impuesto sobre la renta? Eso ya le va a costar más. Una cosa es meterse en la cama con un desconocido y otra ponerle un piso. Los guerristas convencidos se resisten a eso. Incluso advierten que tienen los votos para impedirlo. Dicen que son 105. Con que sean 30, les basta para bloquearlo. ¿Quién decía que en estas elecciones no había pasado nada? Esta va a ser una legislatura movida, excitante, democrática. Porque la democracia es compromiso. Esa cosa que tanto nos cuesta a los españoles de cualquier color.

(16 de junio de 1993.)

Converger con Convergencia

Comienza el baile de las coaliciones. Durante las próximas semanas veremos invitaciones, susurros, sonrisas, suspiros, escarceos, desplantes, mírame pero no me toques, tócame pero no me mires. ¿Saben lo que les digo? Que todo esto es una pantomima. La elección está ya hecha. Con quien se quedará Felipe González será con los catalanes. Está escrito en las estrellas del cielo y en la dura tierra del suelo. De hecho, González venía ya gobernando extraoficialmente con ellos, en el llamado bloque constitucional. Ahora que los necesita oficialmente, sólo falta legalizarlo. Y como él no nos explicará por qué después de haber hecho una campaña de izquierdas, va a gobernar con la derecha, vamos a hacerlo por él. Va a gobernar con la derecha nacionalista porque la izquierda no tiene soluciones para la presente crisis económica. La única solución es reducir gastos, flexibilizar plantillas, congelar salarios, aumentar la productividad, integrarnos plenamente en la economía global. ¡Ay si Izquierda Unida aceptase estos supuestos! Entonces podría hacerse el pacto ideal, unir la teoría a la práctica. Pero Izquierda Unida defiende justamente lo contrario. Así que no queda más remedio que entenderse con la derecha periférica, que sí lo aceptan. En espera de que algun día pueda entenderse con la derecha nacional, lo cual está todavía muy verde.

(17 de junio de 1993.)

Nacionalismos periféricos

Las elecciones del 6 de junio difícilmente van a solucionar nuestro problema económico, pero van a aclararnos otro problema no menos crucial para España: si los nacionalismos internos van a enriquecerla o a destruirla. Hasta ahora, la hegemonía del partido gubernamental había hecho a esos nacionalismos fuerzas centrífugas, disgregadoras, anti-Madrid y, al menos visto desde fuera, anti-España. Pero esa hegemonía del PSOE se ha acabado. Felipe González necesita de los nacionalismos periféricos para gobernar, ya que son los más afines a su programa de gobierno. Y es cuando le llega la hora de la verdad a los Pujol, a los Arzallus, a los Roca, a los Ardanza. ¿Están dispuestos a cooperar en el desarrollo y engrandecimiento de España, o su nacionalismo se limita a su comunidad? Me apresuro a decir que es no sólo su derecho, sino también su obligación buscar el bienestar de los catalanes y de los vascos que les han elegido. Pero ¿creen que su tarea de gobierno se acaba ahí? ¿No les interesa el bienestar de los demás españoles? ¿No se sienten solidarios con el resto de España? Esa es la gran incógnita a despejar los próximos días. Y aquí una advertencia al resto de España: tan insolidario es quien se resiste a ayudar a sus compatriotas como el que quiere que sus compatriotas le mantengan. Son cosas que hay que empezar a decir, si no queremos que los nacionalismos particulares se coman el nacionalismo español. Pues en esto de la insolidaridad, aquí nadie puede tirar la primera piedra.

(18 de junio de 1993.)

Nacionalismo

El nacionalismo ¿es bueno o es malo? Cuidado, no responda precipitadamente, que la cosa es muy complicada. Sin duda alguna, amar a la patria de uno, grande o chica, es de bien nacidos. Y menos duda aún tiene que por el patriotismo se han cometido acciones heroicas, generosas, sublimes. Se ha llegado incluso a dar la vida. Puede que a través de este sentimiento el ser humano haya logrado salir por primera vez de sí mismo y de su entorno familiar, romper el cascarón de su individualidad para solidarizarse con otros que ni siquiera conoce, lo que representa un paso trascendente en su evolución social. Desde luego, si las comunidades de individuos, devenidas en naciones, han podido progresar, salir adelante de dificultades, ha sido por el sacrificio de muchos de sus hijos. Lo que repercute en ese avance común que llamamos historia. Todo eso está bien, muy bien. Pero no es menos cierto que los nacionalismos han sido también causa de innumerables guerras y que en nombre del patriotismo se hayan hecho auténticas salvajadas. Ni siquiera hace falta mirar atrás. Basta con ver lo que está ocurriendo en la que fuera Yugoslavia, para darse cuenta de hasta qué extremos puede perturbar una mente y un corazón humanos el nacionalismo desbocado. A matarse con saña vecinos que no ha mucho convivían y progresaban pacíficamente. Vienen estas reflexiones a cuento de que en España está en baja el nacionalismo español y en alza los nacionalismos locales. Repito. Todo lo que tiene de positivo el nacionalismo natural, humano, abierto, lo tiene de furia destructiva cuando se convierte en cerrado y agresivo. La línea divisoria está entre creer que lo nuestro es bueno y creer que lo nuestro es lo mejor. Y cuando empieza a creerse que lo nuestro es lo único bueno del mundo, empieza a ser realmente peligroso. En nuestro país ya han sonado unos cuantos timbres de alarma al respecto, sin que se les hiciera mucho caso.

(21 de junio de 1993.)

Atentado

Han vuelto a matar. Se temía desde hace meses. Llevaban demasiado tiempo en sus guaridas. Y cuando sufrieron un retroceso en las elecciones, se les hizo irresistible. Tenían que demostrar que son todavía fuertes, que aún existen. Son sus señas de identidad. Más que los casquillos del nueve largo, más que los tornillos convertidos en metralla. Asesinar. Pretenden que sólo a militares. Pero esa es otra más de sus falacias. Quien pone un coche bomba en una plazoleta madrileña a las ocho de la mañana de un lunes, sabe perfectamente que matará a niños que van a la escuela, a oficinistas camino del despacho, a obreros camino de su taller, gentes de todas las clases sociales, de todas las regiones españolas, vascos incluidos. Precisamente cuando se ofrece a los nacionalistas vascos la oportunidad de participar en el gobierno de la nación, es cuando el nacionalismo delirante vuelve a matar. Y es que los atentados madrileños tienen una segunda lectura: son una advertencia al PNV para que no pacte con el Gobierno central. Cuidado, que estamos todavía vivos, vigilantes, al acecho, con la pistola cargada. Porque a estas alturas, los lobos ya no respetan nada. No matan por hambre, ni por defenderse, ni por ideales, ni por instinto siquiera. Matan por rabia. Rabia de que todo en lo que creían se les ha venido abajo, de sentirse cada vez más aislados, de que no avanzan hacia sus objetivos; al revés, retroceden. Rabia contra su propia maldad. Lo malo es que la escupen contra inocentes. Claro que si no, no serían lobos rabiosos.

(22 de junio de 1993.)

Pujol

«¿Quiere usted bailar?», preguntó Felipe Gonzalez a Jordi Pujol en su última entrevista. Tras mucho pensárselo, Pujol le ha constestado lo que contestan las chicas guapas a los chicos feos cuando les llegan con la misma proposición: «Sí, pero...»

El pero, en este caso, se las trae: que Felipe González adopte el programa económico y autonómico de los nacionalistas catalanes. Que es justo lo contrario del programa socialista. O sea, que si Felipe González le ha invitado a bailar un bolero, Pujol le contesta que sólo baila el vals. Si se tratase sólo de ritmos, la cosa tendría arreglo. Pero es que se trata también de letras. Lo que Pujol pide a González es que renuncie públicamente al programa del partido con que ha ganado las elecciones y acepte el de otro mucho más pequeño, de ideología distinta y que ni siquiera tiene asentamiento nacional. Que deje de ser un socialista andaluz y se convierta en un burgués catalán. ¿O no es eso lo que realmente pretende? ¿O se trata sólo de una excusa para no decirle no, para no dejar en evidencia que rechaza asumir responsabilidades en el gobierno de la nación, algo de lo que siempre podrán pedirle cuentas? Sea lo que fuere, el caso es que Felipe González ha cosechado las primeras calabazas en su invitación a bailar. Le vemos aprendiendo la sardana. Hay invitaciones que Jordi Pujol no puede rechazar.

(23 de junio de 1993.)

Pujol en la Moncloa

Muchas críticas está cosechando Pujol por condicionar su entrada en el Gobierno a la adopción de su programa económico. ¿Qué quieren esos críticos? ¿Que acepte entrar en un gobierno con un programa socialista, receta segura para el fracaso? Desde Delors a Boyer, desde el Banco Mundial al de España, nos dicen que la única fórmula para salir de la presente crisis es la ayuda a las empresas, la privatización, el recorte del gasto público, la flexibilización del empleo. Que es el programa de Convergencia i Unió, partidos burgueses, representantes de este segmento social, que por cierto es el que crea empleo. Mientras el programa socialista se funda en todo la contrario: en la economía estatal, en los altos impuestos, en las subvenciones a los parados, que es donde tienen su mayor reserva de votos. Basta pensar esto para comprender perfectamente la actitud de Pujol: si entra en un gobierno, será con su programa, no con otro condenado al fracaso. Lo curioso es que el programa económico de Convergencia es muy parecido al del Partido Popular. Con lo que, de aceptarse el pacto, tendríamos la paradoja de que quien ha perdido en realidad las elecciones hubiese sido el PSOE, ya que tendría que gobernar con el programa de sus máximos rivales. Sólo faltaría que Felipe González ofreciese a Pujol presidir el próximo gobierno. Al fin y al cabo, se gobernaría con su programa. Por cierto, la idea no es nueva. Se le ocurrió a Aznar hace un par de meses, y todos se rieron de él. Tanto han cambiado las cosas desde el 6 de junio.

(24 de junio de 1993.)

González y el PSOE

Felipe González está ofreciendo coaliciones a diestro y siniestro, más bien a diestro, como si fuera dueño y señor de la situación. Pero ¿y su partido? Porque resulta que González dijo a los empresarios que la ley de huelga tenía que ser reformada, y luego su partido se la hizo tragar entera. Dijo también a los universitarios que Filesa exigía responsabilidades políticas, y aún las estamos esperando. ¿Qué garantías hay de que lo que prometa González como plan de gobierno no será desbaratado luego por su grupo parlamentario, cuando casi la mitad ha rechazado al portavoz que le proponía? Ninguna. Es la causa principal de las cautelas con que se acogen sus ofertas de coalición gubernamental. No hay mucha confianza en él y, menos, en su partido. Pujol sabe perfectamente que con el programa socialista no se resuelven los problemas económicos españoles. Al revés, se agravan. Lo sabe también Felipe González, razón de que quiera pactar con los catalanes, no con Izquierda Unida, teóricamente más afín a su partido. A González le vinieron muy bien los parados para ganar las elecciones, pero para gobernar no le sirven. Hizo la campaña al grito «¡Que viene la derecha!», y ahora trata de gobernar con ella. Nada de extraño que Pujol se muestre tan renuente a meterse en la cama con él. Corre el riesgo de acostarse con Felipe y despertarse con Alfonso.

(25 de junio de 1993.)

Los guerristas

Un partido con doble alma. Así se ha definido al Partido Socialista Obrero Español. Ninguno con más tradición en nuestro país. Aparece en todas las encrucijadas de nuestra moderna historia y su tragedia es la de España: no saber exactamente cuál es la medicina que necesitamos, la reforma o la revolución, el pragmatismo o la lucha de clases. Una vez más se encuentra en esa disyuntiva. Felipe González cree que, ante la gravísima crisis económica, no sirven las fórmulas de izquierda. Se necesita un reajuste duro para aumentar la productividad. O sea, más Solchaga. Sabe también que después de las corruptelas que han manchado el nombre del partido, éste necesita un lavado interno, una regeneración que sólo puede venir a través de personalidades independientes, no contaminadas. Como era de esperar, el aparato del partido se subleva. No sólo sigue creyendo en los viejos dogmas de la izquierda, desde la huelga al patrono explotador, sino también, y puede ser más grave, teme que González les abandone en su fuga hacia adelante. Y aunque sabe que su jefe es su mejor baza, se da cuenta de que ya no está con ellos. Está con otro partido que se está labrando, más moderno, más centrado, más limpio. Así que le han hecho frente, antes de quedarse completamente arrinconados. La votación tenida lugar hoy en el grupo socialista del Congreso para elegir portavoz tiene el efecto de un terremoto en la escena política española. González consiguió imponer su candidato, Solchaga, pero a un alto precio. Por más que nos digan que todo fue un ejercicio democrático, la realidad es que ya hay dos partidos socialistas en el Parlamento español. Uno felipista, con 87 votos. Otro guerrista, con 66. Los demás siguen como estaban. Las combinaciones con esta nueva matemática parlamentaria son infinitas. Ya nada es igual en España desde esta tarde.

(28 de junio de 1993.)

Dos socialismos

¿Fue bueno o malo lo ocurrido ayer al Partido Socialista? Son más los que dicen que fue malo. Incluso entre los conservadores abunda la opinión de que la quiebra del partido gubernamental no augura nada bueno en la grave situación económica que atravesamos. Pero la realidad es que el PSOE estaba ya dividido. Había dos socialismos en España, el tradicional, de corte mediterráneo, obrero, reivindicativo. Y el moderno, interclasista, centroeuropeo, neoliberal, de clase media que no le hace ascos a la alta. Y se odiaban como sólo pueden odiarse los hermanos mal avenidos. Seguían viviendo juntos, como ciertos matrimonios, por el qué dirán, por el bien de los hijos, a los que había que dar colocación. Pero esta no es una situación sana ni sostenible a la larga. Así no puede enfrentarse una crisis, pues la contradicción aflora a cada momento. La realidad es muy testaruda, a la realidad no se la engaña como a las personas. Y era una pretensión inalcanzable que Felipe González ganase las elecciones desde la izquierda, para gobernar desde la derecha como si nada hubiese pasado. Si había ganado con la izquierda, que gobernase con ella, con Izquierda Unida. Si no quería gobernar con ella, que crease un nuevo partido. Que es en realidad lo que está haciendo, al pactar con los catalanes y convertir a Solchaga en portavoz del grupo parlamentario. Lo que ha ocurrido es que los socialistas tradicionales se le han rebelado, diciéndole que hasta ahí podían llegar. Eso es bueno. Llega la hora de la verdad para los socialistas españoles. En cada votación parlamentaria, sea sobre el presupuesto, sea sobre la ley de huelga, tendrán que decirnos dónde están, con el viejo partido o con el nuevo, con González o con Guerra. Carlos Solchaga va a tener que usar con frecuencia el *whip,* el latigo, que es como los ingleses llaman al portavoz parlamentario. Pero no para la oposición, sino para los más remolones de los suyos. Sin garantía nunca de que le seguirán. Pero eso es la democracia. No dar nada por sobreentendido. Ganarse la confianza cada día. ¡Qué cambio con la anterior legislatura!

(29 de junio de 1993.)

Dos capitalismos

¿Cómo salir de la profunda crisis que atraviesa la economía mundial? Esa es la pregunta en todas las cancillerías. Sabemos cómo no se sale de ella: siguiendo el modelo comunista o socialista, que conducen a la bancarrota. La malo es que el modelo capitalista tampoco parece funcionar. Lo que ha traído alarma y desconcierto. Hasta que alguien se ha dado cuenta de que hay dos modelos de capitalismo, el norteamericano y el alemán. El capitalismo norteamericano es duro, dinámico, agresivo, sin apenas componente social. El capitalismo alemán es suave, considerado, impregnado de socialdemocracia. Se creía que este último era el modelo a seguir, por evitar tensiones sociales y garantizar el desarrollo sin traumas. Hasta que se ha visto que podía funcionar en el marco europeo, pero no en el mercado global. Las enormes cargas que representan sus gastos sociales le impiden ser competitivo. Un par de ejemplos: los costes laborales de la Comunidad Europea vienen subiendo un 4 por 100 anual, mientras en Estados Unidos suben sólo un 1, y en Japón, un cero. Consecuencia, menos competitividad y más paro. La media de desempleo en Europa era del 2,9 por 100 en 1972. En 1982, era del 9. Hoy, es del 11, y subiendo. De seguir con el modelo del capitalismo alemán, Europa sabe lo que le espera: pérdida de mercados, paro creciente. Para sobrevivir, hay que adoptar un modelo económico mucho más exigente para todos, patronos y trabajadores. Es lo que se debate más allá de los Pirineos. Y lo que empieza a hacerse. Alemania y Francia acaban de anunciar recortes en sus prestaciones sociales. Ante este panorama, extraña menos que Felipe González no quiera saber nada de Izquierda Unida y haya nombrado a Carlos Solchaga portavoz de su grupo. Claro que no sé si le bastará. A fin de cuentas, Solchaga era un seguidor del capitalismo alemán. Ese que está en crisis.

(30 de junio de 1993.)

Julio de 1993

El felipismo

Menos mal que ha sido un periodista próximo a la Moncloa quien ha dicho que Felipe González se dispone a fundar la nueva derecha española. Todo apunta en este sentido, desde el rechazo a Izquierda Unida al aproximamiento a Pujol. Y sin embargo, miren ustedes por dónde, no creo que González intente fundar la nueva derecha, ni la nueva izquierda, ni nada por el estilo. Felipe González es un político químicamente puro, por encima de las ideologías. Para él, lo único que cuenta son las realidades. Le valió la izquierda para ganar las elecciones, como le vale la derecha para gobernar. Gato negro o gato rojo, el caso es que cace ratones. El felipismo no es una formación ideológica. Es una maquinaria para conquistar el poder y conservarlo, escribí hace ya muchos años, y la definición no hace más que confirmarse a cada día que pasa. De ahí que sea erróneo decir que González se ha hecho conservador. Es conservador porque las fórmulas conservadoras son las únicas que dan resultado en la presente crisis, a la que hemos llegado por un exceso de socialdemocracia. Se impone prescindir de ésta, y Felipe González prescinde de ella como de un traje o coche gastados. No cree en los principios, cree en la praxis. Por eso precisamente ha ganado las últimas elecciones, mientras los demás socialistas europeos las perdían. Por este camino, incluso puede ganar las próximas. La única duda que queda ante tanto pragmatismo es: ¿puede prescindirse hasta tal punto de los principios? ¿Son sólo los resultados la medida del éxito? ¿No exige la realidad un mínimo de coherencia consigo mismo? Felipe González es sin duda un político extraordinario, un maestro en el sangriento y sucio juego de lo posible. Pero para sacarnos del bache que atravesamos, tal vez se necesite algo más, se necesite inspirar, iluminar, entusiasmar. Y eso lo ha perdido González en el altar de la *Real Politik,* de la política real. Con lo que, a la postre, puede quedarse en polvo, en tierra, en nada.

(1 de julio de 1993.)

El 15 por 100

¿Es bueno o malo que las comunidades autónomas exijan una parte de los impuestos que se recaudan en su territorio? A mí me parece bueno, con dos condiciones: que conlleve la responsabilidad correspondiente y que la medida se extienda a todas las comunidades. Si no queremos una Europa de dos velocidades, menos querremos una España de dos responsabilidades. ¿No queríamos autonomía? Pues autonomía para todos. Pues lo que está ocurriendo es que, por una parte, somos un Estado autonómico, y por otra, un Estado centralista. Tenemos, en realidad, dos administraciones paralelas y superpuestas. Lo que representa doble gasto y media responsabilidad, al estar demostrado que con doble burocracia, mitad de control. Y encima, gastos dobles, que nadie aguanta. Hay que acabar con la paradoja esperpéntica de que alguien que no se considera español esté dispuesto a cogobernar España. Somos un Estado de autonomías o no lo somos. Si lo somos, y la Constitución lo prescribe, seámoslo con todas las consecuencias. Autonomía significa autogobierno. Y autogobernarse, como saben los chicos que se van de casa, comienza con la administración de los recursos propios. Pero la España de hoy parece una de esas familias en las que los hijos se han independizado, pero siguen viniendo a casa para comer, dormir y que les laven las camisas. El 15, o el 30, por 100 del impuesto sobre la renta, pero para todos, catalanes, vascos, castellanos, valencianos, extremeños, andaluces y demás. ¿Que se pone en peligro el principio de la solidaridad? Más lo pone la costumbre de cantar la autonomía en casa y llegar a Madrid con la mano extendida.

(2 de julio de 1993.)

Secuestro de Julio Iglesias

Cuando leí en los teletipos que habían secuestrado a Julio Iglesias, temí por la suerte de mi buen amigo y por sus millones de admiradores mundo adelante. Pero seguí leyendo y me enteré de que era otro Julio Iglesias, por lo que mi pesar estuvo con su familia. ¿Ha sido el Zamora de segundo apellido lo que atrajo hacia él a los asesinos, aunque sea, según nos dicen, vasco? ETA viene siendo muy selectiva en cuanto a sus víctimas y se anda con exquisito cuidado ante los apellidos vascos. Si pudiera, incluso pediría el Rh antes de poner la bomba o dar el tiro en la nuca. O sea, que, aparte de asesinos y cobardes, racistas. Aunque esto ya lo sabíamos. Como sabíamos que, a estas alturas, lo único que le importa es seguir matando. ETA necesita, sin duda, dinero. Pero necesita, sobre todo, sangre. Se alimenta de ella, como los vampiros, y está vampirizando su país, su pueblo y el resto de los españoles. Secuestrar a un empresario hoy en el País Vasco, lleve el apellido que lleve, es como gritar «¡Fuego!» en un teatro lleno. Quienes han convertido lo que era un emporio de riqueza y progreso en un cementerio industrial son precisamente quienes dicen que quieren salvarlo. Con salvadores así, el País Vasco volvería pronto a la prehistoria. Que es de donde han salido y siguen estando los de ETA.

(5 de julio de 1993.)

Discurso de investidura

Felipe González me recuerda aquel médico que hacía magníficos diagnósticos, pero se le morían los pacientes. «Lástima —decía luego el galeno a sus colegas—, porque el diagnóstico había sido impecable.» Y los colegas aplaudían. Los diagnósticos de González sobre la situación española son también impecables. Cojan ustedes todos sus discursos de investidura y coincidirán conmigo en que no puede hacerse un análisis más brillante de la problemática de nuestro país. Incluso los remedios que apunta son los acertados, aunque suelan resultar un tanto genéricos. Lo malo es que, luego, la situación no hace más que empeorar. Claro que eso es culpa de la situación, no de Felipe González. El análisis de Felipe González había sido perfecto. ¿Qué culpa tiene él si la situación tiene el mal gusto de ir por otro camino? Esta vez, nuestro presidente del Gobierno aportó una innovación a su análisis. El de la ubicuidad. Hasta ahora, era sólo omnipotente, el que lo podía todo. Ahora es, además, omnipresente, el que está en todas partes. A la izquierda, a la derecha y en el centro. Es socialista con su grupo, es conservador con vascos y catalanes, y es centrista por naturaleza. ¿Qué es realmente Felipe González? Pues es, sencillamente, felipista. Lástima que los problemas que tenemos sobre nosotros sean tan burros y no comprendan su sutil dialéctica. Porque si le pudieran escuchar, les convencería, como ha convencido a catalanes, vascos y buena parte del resto de los españoles. Ese pico de oro se merece unos problemas más elegantes, menos tercermundistas. Porque de seguir así, en la siguiente legislatura estamos ya en África.

(6 de julio de 1993.)

Ser ministro

Finalmente, hay en España alguien que rechaza ser ministro. Los vascos y puede que alguno más que no se dice. A mí me parece un gran adelanto. Hasta ahora, y en esto no había diferencias entre izquierdas y derechas, dictaduras y democracias, un ministerio era en nuestro país un momio, una bicoca, un chollo, una canonjía de las de antes. Para el titular de la cartera, nunca mejor dicho, y para sus familiares, amigos y colaterales. Ahora resulta que también es responsabilidad, servicio, dolores de cabeza y riesgo de darse el batacazo. Que es, realmente, el servicio público en una democracia. O sea, que avanzamos aunque no lo parezca. La presente negativa se produce, según los vascos, por falta de concreción. Pocas veces se habrá definido tan bien a una persona con tan pocas palabras. Felipe González no es que carezca de forma, como los líquidos, que adoptan la del recipiente que los contiene. Es incluso como los gases, que ni siquiera tienen volumen, y se contraen o expanden según las circunstancias. Es puro aire, viento, brisa.

Palabras, palabras, palabras, ese es el mundo según González. Los vascos, hombres del hierro y el acero, al menos hasta hace poco, quieren concreción. Pero pedir concreción a Felipe González es como pedir a las aves migratorias que se empadronen o a las corrientes marinas que se detengan. Dejarían de ser ellas mismas. Así que ha tenido que contentarse con un gobierno que es la imagen y semejanza de sí mismo. Quiero decir, gaseoso.

(8 de julio de 1993.)

Induráin

Miguel Induráin ha agotado las metáforas del ciclismo. Destroza no sólo los relojes, sino también los superlativos. Como las grandes figuras del deporte, trasciende el mero deporte. Verle correr es un placer estético, como ver saltar a Carl Lewis. Su compenetración con la bicicleta es tal que parece formar parte de su organismo, una especie de centauro con ruedas en vez de patas. ¿Ha sentenciado ya el Tour 1993? Dudarlo sólo le crea a uno problemas con nuestros especialistas deportivos. Todos están convencidos de que Induráin es imbatible. Hoy por hoy, no tiene rival. Y, en efecto, aunque la carrera acaba de empezar y hasta París quedan muchos kilómetros, muchos puertos, muchas curvas peligrosas, Miguel puede mirar este Tour con confianza. Su equipo puede no ser el mejor, pero tiene a su lado a Perico Delgado, en excelente forma, que podrá ayudarle en las escapadas. Justo antes de París hay otra contrarreloj, que es lo que mejor se le da. Por último, lo único que le amenaza es que todos se unieran contra él, lo que no es fácil al tratarse de hombres de diferentes equipos, primeras figuras muchos de ellos, con aspiraciones particulares cada uno. En cualquier caso, Induráin ha roto los esquemas, como lo hicieron otros monstruos del ciclismo. Ya no se discute si es el mejor. Eso se da por descontado. Lo que se discute es si por una de esas casualidades que siempre hay en la vida, puede perder. Porque normalmente gana. Que es lo contrario de lo que suele pasarnos a los españoles en Europa. Por eso da tanto gusto hablar de él. No sé por qué no está en el nuevo gabinete. Aunque sólo fuese para darnos ánimo.

(9 de julio de 1993.)

Guerristas

Ahora resulta que los culpables de todos los males socialistas y españoles son los guerristas. El dirigente del PSOE en Cataluña, Ramón Obiols, les acusa incluso de ser los padres de la corrupción. Y eso no es un error. Eso es una infamia. Los guerristas no tuvieron arte ni parte en los programas económicos que nos han llevado al foso en que hemos caído. La responsabilidad recae exclusivamente en el Ministerio de Economía y Hacienda, a cuyo titular se le ha premiado con la presidencia del grupo socialista en el Congreso. Algo parecido pasa con la corrupción. Es verdad que Filesa nació en Ferraz. Pero aquellos dineros obtenidos ilegalmente eran para el partido, no para los particulares. Mientras los grandes negocios se hicieron en torno a Solchaga, a Mariano Rubio y a esos personajes de la *beautiful people* que tuercen la nariz al oír hablar de Juan Guerra. Cuando Juan Guerra no era más que un pobre hombre, en el doble sentido de la palabra, comparado con los que manejaban Malesa, Times Export o Shaft Investment, donde se apaleaban cientos de millones. Pero ahora resulta que los guerristas son los malos. Y los corruptos. Y los tontos. Y los antimodernos. Y la especie a eliminar. Mientras la *beautiful people* se queda con su cara bonita y sus millones. A la vista de tanta injusticia y ruindad, a uno le dan ganas de proclamarse guerrista.

(12 de julio de 1993.)

El recambio

Está saliendo un timo mejor que el de la estampita. Incluso tiene ya nombre: el timo del cambio del cambio. Consiste en decir que como la economía se hunde y la gente desconfía de los políticos, hay que eliminar a los guerristas. Los guerristas tienen tanta culpa de los males de nuestra economía como de la llegada del hombre a la Luna. El responsable de que las cuentas no salgan es Solchaga y su equipo, que han seguido una política económica de peseta fuerte, intereses altísimos, impuestos más altos todavía y gastos desaforados. Eso es lo que ha hundido nuestras exportaciones, penalizado la inversión y favorecido tan sólo a los especuladores, nacionales y extranjeros. Fue así como nuestra economía se ha precipitado en el bache más hondo de los últimos veinticinco años. ¿Y saben ustedes qué han hecho para remediarlo? Pues sacar a Solbes de Agricultura para ponerle en Economía, y hacer a Solchaga portavoz del grupo socialista en el Congreso. Díganme ustedes si esto es un cambio. O un cambio del cambio. Si no fuera tan desconsiderado, diría que son los mismos perros con distintos collares.

(13 de julio de 1993.)

El reajuste

¿Qué puede hacer el Gobierno español ante la gravísima crisis en que ha metido a nuestra economía? Pues la ha metido él, con su política disparatada de gastos, impuestos y altos intereses, para atraer el capital extranjero, que se irá en el momento en que dejen de pagarle bien. Pues puede hacer sólo dos cosas. O un ajuste duro, para recortar no sólo la grasa acumulada, sino también parte de la carne, o sigue actuando como hasta ahora, gastando más de lo que ingresa, fomentando la economía improductiva, castigando a la productiva, confiando que al final nos salvará la recuperación exterior. Lo primero nos llevará a un período dolorosísimo, en el que vamos a sufrir todos, especialmente los más débiles. González advirtió en la campaña electoral a los jubilados que si Aznar ganase, les recortaría las pensiones. Quien va a recortárselas es él. A no ser que elija el segundo camino. El de la ficción y el despilfarro. Como ya no llega capital extranjero, tendrán que imprimir más y más pesetas sin cobertura, iniciándose una inflación galopante. O sea, que nos dejan en los huesos o nos hacen estallar. ¿Qué camino elegirán? De entrada dicen que el duro. Pero no lo creeremos hasta que lo veamos. Nos han anunciado ya no sé cuántos reajustes, y las cosas siguen como estaban. Aparte de que lo primero que tendrían que hacer sería reconocer que se habían equivocado. Y de eso no hay el menor síntoma. Aún hoy, con todas sus predicciones, planes y programas hechos trizas, no han tenido el gesto de disculparse ante el pueblo español por haberse equivocado tanto y arruinarle tan rápidamente. Bueno, a todo el pueblo español, no. Algunos se han enriquecido.

(14 de julio de 1993.)

Compras en Nueva York

¿Seguirá pareciéndonos barato a los españoles todo lo de fuera? ¿Continuarán haciéndose viajes de fin de semana a Nueva York? ¿Seguirán llamándonos en Miami *give me two,* «déme dos», porque cuando un turista español se mete en una tienda, siempre compra dos de cualquier cosa, tan barata la encuentra? La verdad es que la peseta ha pasado una de las épocas doradas de su historia, presumiendo mundo adelante y codeándose con las monedas de más rango y prestigio. Solchaga la había hinchado artificialmente para atraer las inversiones extranjeras, como esas chicas de revista que se hinchan las domingas con silicona para atraer las miradas. Y aunque eso hundió nuestras exportaciones, nos hizo vivir durante una temporada con la ilusión de que éramos ricos. Pero no podía durar eternamente. Era demasiado bonito para ser verdad. No era lógico que los españoles fuéramos de compras a Nueva York, que los alemanes encontrasen cara España y que cuando se daba un dólar de propina en Estados Unidos se deshicieran en reverencias ante nosotros, mientras aquí nos mirasen con desprecio si dábamos sólo viente duros. España es un país rico en muchas cosas, pero no en riquezas naturales. Algunos españoles lo han pasado muy bien durante la pasada década. Ahora, todos vamos a pagarlo muy caro. Nos queda el consuelo tan español del «que nos quiten lo bailao». A los que bailaron, naturalmente.

(15 de julio de 1993.)

Solchaga a Cuba

Lo que le faltaba a Castro era Solchaga como asesor económico. Solchaga, que ha hundido la peseta, alcanzado un récord histórico de paro y de déficit en España, obligado al reajuste más brutal de nuestra economía desde la guerra civil, parece el hombre menos indicado para dar consejos económicos a nadie sobre cómo se llevan los asuntos económicos. Pero a Solchaga precisamente envió González a Cuba para aconsejar sobre dichos asuntos. Ante lo que sólo caben dos explicaciones: o que González sigue tan equivocado como siempre sobre la capacidad de su ex ministro, o que quiere de verdad tan mal a Castro. Porque lo que no se ha dicho del formidable lío económico que tenemos es que lo ha provocado el propio Gobierno. Es verdad que la crisis es internacional. Pero en ningún sitio el desplome ha sido tan rápido y amplio como en España. La razón de ello es que la economía estaba asentada sobre bases falsas. Y cuando se descubrió esa falsedad, se vino abajo como un castillo de naipes. La peseta sobreevaluada, los altísimos intereses, el apoyo al que no producía, las cargas sobre el que producía, tenían necesariamente que explotar algun día. ¿Es esto lo que Carlos Solchaga ha aconsejado a Fidel Castro en la visita de tapadillo que le ha hecho? Pues va listo. Aunque si quieren que les diga la verdad, no nos molestaría nada que se quedase allá. Carlos Solchaga, nuevo ministro de Economía cubano. No nos caerá esa breva.

(16 de julio de 1993.)

Agosto de 1993

Balduino de Bélgica

«Parece que nos hemos quedado huérfanos», decía un belga al despedir al rey Balduino. Da la impresión de que ni su propio pueblo se daba cuenta de lo mucho que le quería. ¿Qué tenía ese hombre alto, gris, tímido, que en vida cosechó chistes y a su muerte muchedumbres apesadumbradas? Pues tenía, ante todo, principios. Algo que no se lleva mucho hoy en día. Pero precisamente en un mundo de cínicos, corruptos y tramposos, la figura de un hombre que cree firmemente en algo se agiganta. Era, por otra parte, modesto, amable, humilde incluso. No cayó nunca en la vanidad ni, menos aún, en la soberbia, tan frecuente en los personajes públicos. Lo que le hermanaba con el pueblo llano. Por último, cumplió su papel de rey con sencilla perfección. Heredó la corona con graves hipotecas sobre ella, pero supo devolverla a su papel de símbolo del país y cemento de la unidad nacional. La política nunca le interesó. Ya hay bastantes políticos para ocuparse de ella. Rey, en cambio, hay sólo uno, y sus funciones son tan precisas como importantes. La primera de ellas, ser ejemplo permanente para el país de cómo se tiene que estar en todas las ocasiones. Él lo fue. Como fue elegante sin pretenderlo, amigo de todos y enemigo de nadie. Tomó como un deber no ya la corona, sino la vida misma. No es fácil encontrar hombres así. De ahí la tristeza con que le despiden incluso los que no creían admirarle.

(2 de agosto de 1993.)

Solbes

¿Nos sacarán de la crisis las nuevas propuestas del Gobierno? La intención es buena. Incluso suenan bien esos controles y recortes que expuso esta mañana el ministro Solbes, para atajar la hemorragia de nuestra economía. Pero la experiencia demuestra que los controles, incluidos los del mercado laboral, no resuelven nada. Que la planificación económica no lleva a ningún sitio. Y planes, planes, planes, decretos, decretos, decretos fue lo que anunció el señor Solbes, sin dignarse siquiera detallarlos. Es como combatir el granizo con palabras. O con papeles. Lo que no acaban de entender los socialistas —o socialdemócratas, tanto da— es la impredecible naturaleza de la creación de empleo. Es ilusorio decir a la economía lo que tiene que hacer. La economía obedecerá a sus propias leyes, no a lo que le digan los economistas. Y esas leyes dicen que sólo hay una forma de crecimiento: intervenir menos, en vez de intervenir más. Pero el nuevo plan del Gobierno trae más intervención, aunque parezca lo contrario. Sin eliminar la camisa de fuerza burocrática que pesa sobre la economía española, impidiéndola crecer. La única forma de que una economía crezca es que se cree riqueza. Riqueza que a su vez creará puestos de trabajo. Pero la riqueza siempre ha sido mal vista por los socialistas, excepto cuando la tienen ellos o sus amigos. Ahora hemos llegado a un punto en que o se crea riqueza o nos hundimos. Las fórmulas para la creación de riqueza son de sobra conocidas: recortar impuestos, facilitar las inversiones, proteger el ahorro, flexibilizar los mercados. Y de eso no dijo nada el señor Solbes. Es por lo que creemos que sus medidas no tendrán mucho más efecto que las muchas propuestas por el señor Solchaga. Dentro de seis meses hablaremos.

(3 de agosto de 1993.)

La gasolina

¿Quién decía que el nuevo Gobierno tardaría en reaccionar ante la crisis? Al día siguiente de reconocerla ya ha subido el precio de la gasolina. Mayor rapidez imposible. Lo malo es que todo el reajuste puede reducirse a ello. Subir la gasolina es el recurso de los gobiernos sin imaginación. De hecho, es un atraco a los automovilistas, que somos casi todos. El Gobierno sabe que no tenemos más remedio que darle nuestro dinero si queremos volver a casa. ¿Qué diferencia hay con el navajero de la esquina? Muy poca. Pero ¿soluciona el problema económico? Al revés, puede agravarlo. Dar más dinero a un gobierno derrochador es como dar más ginebra a un alcohólico. La realidad es que la única forma de que los gobiernos no malgasten nuestro dinero es no dárselo. Pues dinero que coja, dinero que gasta. O mejor dicho, malgasta. O sea, rebajar los impuestos, directos o indirectos, en vez de subirlos. Si los subimos, lo más probable es que nuestros males se agraven, en vez de solucionarse. Es por lo que este nuevo atraco a nuestras carteras perpetrado por el Gobierno no tiene la menor posibilidad de arreglar nuestros problemas. Pero la culpa no es de ellos. Ellos son socialistas y han hecho lo que se supone: subir los impuestos, esta vez indirectos. La culpa la tenemos nosotros, por haberles elegido, sabiéndolo, por cuarta vez. Así que nadie se queje. Y menos que nadie, esos burgueses vascos y catalanes, que les están dando su apoyo para que metan la mano en nuestro bolsillo cada vez más hondo.

(4 de agosto de 1993.)

Crisis monetaria

Felipe González nos recomendaba el otro día leer la prensa extranjera, tal vez porque lo que publican los diarios nacionales le gusta muy poco. Pero lo que publican los extranjeros tiene que gustarle aún menos, a no ser que tenga como traductor a alguien que le traduzca sólo lo que quiere oír. No ya esos titulares con las palabras de Kohl posponiendo la unión monetaria europea. Es que desde hace semanas, los mismos periódicos están poniendo en duda la unión misma del continente, y son bastantes los que han enterrado el Acuerdo de Maastricht, por no hablar del sistema monetario, que se fue al cuerno el mismo día que se ampliaron las bandas de cambio. Y don Felipe González vendiéndonos todavía Europa como los charlatanes de feria venden los curalotodo. El error fue creer que aproximando artificialmente las monedas europeas, se iban a aproximar las economías de los países miembros. Sin ver algo tan elemental como que las monedas son sólo la expresión de las economías. Y como unas economías iban mejor que otras, divergían entre sí, en vez de aproximarse. Lo que trajo enormes tensiones al sistema fijo de monedas, hasta hacerlo estallar. Las monedas con una economía más fuerte se han ido arriba, mientras las monedas con una economía más débil se han ido abajo. La peseta, desde luego, abajo. Esto, que sabe ya todo el mundo en Europa, todavía no lo ha reconocido Felipe González. Aunque como la prensa continental siga diciéndolo, pronto nos recomienda que nos pasemos a la africana.

(5 de agosto de 1993.)

Lluvia de estrellas

Si estuviéramos en la Edad Media, seguro que la lluvia de estrellas de esta noche se tomaba como un signo más del milenio, de la llegada del fin del mundo, que aterró a las gentes hace mil años. Y, sin embargo, es ahora cuando deberíamos estar preocupados. Del siglo X al XI no cambió nada. Del XX al XXI va a cambiar todo. Entramos realmente en otra era, y pobre del que no se prepare para ella. Para ese sí que llegará el fin del mundo. Ha cambiado la economía. De un mercado nacional, bien defendido por subvenciones y aranceles, hemos pasado a un mercado global, en el que competimos con los productos del otro extremo del planeta. Ha cambiado la educación. En vez de conocimientos fijos e inmutables, el chico de hoy tiene que «aprender a aprender», pues lo que aprenda hoy puede no servir mañana. Han cambiado las relaciones laborales, pues habrá que cambiar no sólo de empresa, sino posiblemente de profesión a lo largo de una vida. Ha cambiado el ejército. En vez de su vieja función de defensor de la soberanía nacional, tendrá que convertirse en una especie de policía internacional para traer la paz a los conflictos que surjan en el mundo. Pero ha cambiado, sobre todo, la política. El fin de la historia de que se habla es, en realidad, el fin de la historia concebida por los marxistas, una lucha de clases, de obreros y patronos, de izquierdas y derechas. Hoy, obreros y patronos están en el mismo bote, y las diferencias entre izquierdas y derechas han disminuido hasta ser difícil encasillar a nadie. Hoy, la verdadera diferencia en política es que hay políticos honestos y deshonestos, mentirosos y veraces, corruptos y no corruptos. Y cuando ustedes vean a alguno insistir en lo de izquierda y derecha, ya saben: es un mentiroso o un despistado.

(6 de agosto de 1993.)

Lazo azul

Alguno de ustedes recordará aquella película checa tan simpática de los habitantes de dos pueblos vecinos que se liaron a arrancarse mutuamente los botones de sus trajes, llegando incluso a los de la pretina. Desgraciadamente, nuestra guerra de los lazos no tiene nada de simpática. Todo lo contrario. Está llena de brutalidad y odio. Esta pugna entre el lazo azul, que pide la libertad de Julio Iglesias Zamora, y el lazo verde, que pide el pago de su rescate, resume la tragedia del País Vasco. Que haya gentes que respalden abiertamente el secuestro de un ciudadano y la recompensa de sus secuestradores indica hasta qué punto han perdido el sentido moral, pese a creerse muchos de ellos cristianos. Nos enfrentamos a la irracionalidad desnuda, exacerbada por la pérdida de terreno. Lo que está detrás de esa guerra de lazos es quién manda en las calles vascas. Hasta ahora, mandaban ellos, los violentos, los extorsionistas, los asesinos. Mientras, la gran masa callaba. Pero esa masa ha perdido la paciencia, les está perdiendo el miedo. Y se manifiesta, no con métodos criminales como ellos, sino con medios pacíficos, como ese lazo. Es cuando las víctimas se dan cuenta de su fuerza, y cuando los verdugos reaccionan con la brutalidad de una fiera acorralada. Pero tienen la batalla perdida. La tenían desde el principio. Sólo faltaba que los demás se dieran cuenta de lo que verdaderamente son. No unos héroes, sino unos delincuentes. No unos valientes, sino unos cobardes. No los salvadores del País Vasco, sino quienes lo están hundiendo. Algo que empieza a ocurrir. Por eso andan tan desesperados. Y nosotros tan esperanzados.

(9 de agosto de 1993.)

¿Crisis?

Todos los informes, nacionales y extranjeros, coinciden en que la economía española está en plena recesión. Pero si quieren que les diga la verdad, yo no veo recesión por ninguna parte. El pasado fin de semana anduve por el alto León. Fue imposible encontrar una mesa de restaurante vacía en muchos kilómetros a la redonda. Y por la noche, de vuelta a Madrid, los aparcamientos de *pubs* y discotecas rebosaban. ¿Es esta la imagen de un país en crisis? No, al menos según la ven por ahí fuera. Por ahí fuera, crisis es tener que vender el coche para llegar a fin de mes. Aquí, lo máximo es quedarse sin dinero para la gasolina. Ya sé que hay montones de empresas con el agua al cuello y millones de parados que viven con lo justo. Pero tienen la discreción de no molestarnos con su presencia. El resto vivimos como cuando Solchaga decía que España era el país donde más rápidamente podía uno hacerse rico. A lo mejor es bueno, pues al seguir gastando y consumiendo, evitamos que la crisis se agrave. Aparte de las Administraciones. Las Administraciones nacionales y locales continúan gastando como si fuéramos ya el país más rico del mundo. Y además, gastando en lo superficial, no en lo necesario. Sting ha actuado en Galicia dos veces en quince días. Algo que no se lo permite la propia Nueva York, con los precios que se gasta. Ahora llega Prince. España es el paraíso de los artistas españoles y extranjeros. En ningún sitio se paga más y se exige menos. ¿Crisis? El pueblo español no parece creer en ella. Y razón no le falta. Si tantas veces se ha equivocado el Ministerio de Hacienda, ¿por qué no va a equivocarse otra?

(16 de agosto de 1993.)

Superlópez

En vez de fichar al juez Garzón, ¿por que no fichó Felipe González a José Ignacio López de Arriortúa? Para una vez que tenemos un español que se disputan dos de las mayores empresas del mundo, le dejamos escapar. Experto, además, en ahorro, que es lo que necesita nuestra economía, aplastada por los déficit. Un hombre que ahorró a la General Motors no sé cuántos millones de dólares en poco más de un año y lleva ahorrados a Volkswagen varios cientos de millones de marcos en las escasas semanas que lleva en ella, no es de desaprovechar. Pero teniéndolo tan fácil, va Felipe González y ficha a Solbes, una buena persona sin duda, pero que por la pinta, para ahorrar cinco duros, pide permiso al interesado. Aunque, por otra parte, ¿se imaginan ustedes a Superlópez entrando a saco en los presupuestos de nuestro Gobierno? ¿Se lo imaginan metiendo su cuchillo de carnicero en las subvenciones del PER, en los fondos reptiles, en los dispendios continuados, en los favores a los amigos, en las cifras hinchadas, en los balances trucados? Iba a ser Troya. Un hombre dispuesto a ahorrar de verdad tiene menos que hacer en el gabinete español que un anacoreta en una juerga. Los ahorros de nuestro gabinete empiezan por subirnos la gasolina. Es posible que recorten un poco las pensiones, pero ya verán cómo aumentan el PER en cuanto se acerquen las próximas elecciones. Ahorrar, lo que se dice ahorrar, se queda para los alemanes. Aquí lo que sabemos hacer es gastar. Así que José Ignacio López de Arriortúa está muy bien donde está. Que siga, a ver si los alemanes salen del bache y tiran de nosotros. Esa es la forma como nuestros políticos tienen de sacarnos de la crisis. Prestándoles a Superlópez.

(17 de agosto de 1993.)

Tocar fondo

Nuestro Gobierno parece la mar de satisfecho diciéndonos que la crisis ha tocado fondo. Como si eso fuera una proeza. Nos imaginamos al capitán del *Titanic* diciendo a los pasajeros que quedasen en cubierta, allá en las profundidades: «Señores, hemos tocado fondo.» Y esperando un aplauso que no llegaba. Hay dos preguntas no contestadas, y ni siquiera planteadas, por nuestras autoridades: ¿por qué nos hemos ido al fondo? y ¿cuándo se iniciará la recuperación? Porque nos hemos ido al fondo de la forma más inesperada. Recuerden que hace sólo un año vivíamos en el mejor de los mundos, en la borrachera de la Expo y la fiebre olímpica, viéndonos ya en el vagón de primera de Europa. Y sin saber cómo, en el fondo de los mares. ¿Cómo pudo ocurrir? Respecto a cuándo saldremos de allí, el Ministerio de Economía sólo sabe decirnos que en cuanto reduzcamos nuestro déficit. Lo que nos deja todavía más patidifusos. Que diga eso la Comisión Europea, o el *Financial Times,* o el propio Banco de España, bueno. Pero que lo diga nuestro Ministerio de Economía es para volverse bizco. Pues precisamente el Ministerio de Economía es el único que puede hacer desaparecer ese déficit. ¿No es él quien confecciona los presupuestos? ¿No es quien puede cortar aquí y allá? Entonces, ¿a qué viene con la historia de que el problema es el déficit? Como nos lo diga otra vez, vamos a decirle que el problema es él.

(18 de agosto de 1993.)

Fumadores

Me temo que ahora que se han acabado las ideologías, los hombres empecemos sólo a diferenciarnos en fumadores y no fumadores. Con peligro de guerra entre ellos. Una guerra que están perdiendo, a ojos vistas, los fumadores. El caso de ese hombre de Manchester que se murió por negarse los médicos a prestarle atención por ser fumador es significativo. Significativo y escalofriante. ¿No tienen los médicos, según el juramento hipocrático, el deber de atender a quien venga a consultarles, no importa su condición? Pensar que los fumadores constituyen una excepción me parece sencillamente aberrante. Y advierto que yo no fumo. Claro que los fumadores han pecado también lo suyo y lo de los demás. Desde que los españoles trajimos el tabaco de América y se impuso el hábito de quemarlo lentamente a chupadas, los fumadores lo han practicado sin importarles lo más mínimo quienes tenían alrededor. Ahora lo pagan con creces. ¿Tiene solución el caso? Difícil, pues se trata de dos derechos individuales contrapuestos. El del fumador a hacer con su salud lo que quiera y el del no fumador a no tener que tragar el humo sin desearlo. En Estados Unidos han zanjado el asunto a la brava: prohibiendo fumar en todos los lugares públicos. Algo que se está extendiendo a los demás países. Pero ¿no habría una forma más civilizada? Sí, pero depende de lo civilizados que estemos todos, fumadores y no fumadores. Este es un caso típico de compromiso, base de la democracia. El fumador tiene que comprender que hay personas a las que molesta participar involuntariamente de su hábito. Y el no fumador tiene que comprender que hay gentes para las que fumar es más importante que comer o beber. Sólo sobre esa base puede establecerse una convivencia civilizada entre fumadores y no fumadores, antes de que estalle la guerra entre ellos y vuelvan a ocurrir tragedias como la de Manchester.

(19 de agosto de 1993.)

Septiembre de 1993

La España eterna

He pasado quince días fuera de España. Vuelvo, y como si me hubiera marchado ayer. Las mismas noticias, los mismos personajes, los mismos escándalos. Es verdad que Felipe González ha prometido finalmente a Jordi Pujol el 15 por 100 del impuesto sobre la renta. Pero ¿qué importa si al final todo seguirá igual, González haciendo lo que le da la gana y los demás apoyándole? ¡Qué diferencia con el país donde estuve, Estados Unidos! Allí ha cambiado todo, no en los últimos tres años, sino en los últimos tres meses. Ha cambiado el país, ha cambiado la opinión pública y ha cambiado Clinton, que se ha dado cuenta de que como siga haciendo sin hacer, su presidencia se acaba incluso antes de que empiece. Todo el mundo es consciente de la crisis y cada uno la afronta como puede. Aquí, en cambio, todo es sacudirse responsabilidades. El Gobierno quiere que los agentes sociales le solucionen la crisis, y los agentes sociales, que se la solucione el Gobierno. En realidad, es lo que nos gusta. Hablar mucho y no hacer nada. Por eso precisamente elegimos y reelegimos a Felipe González. Un político que lo soluciona todo de palabra. Que luego los problemas continúen e incluso se agraven no es culpa suya ni nuestra. Es culpa de los problemas, incapaces de entender argumentos tan excelsos.

(13 de septiembre de 1993.)

Más sobre el 15 por 100

¿Es buena o mala la cesión del 15 por 100 del IRPF a las comunidades autónomas? Teóricamente es buena. Pero en las circunstancias que se va a hacer en España puede sentarnos como una bala en la cabeza. No hay duda de que la descentralización es buena. Cuanto más bajo sea el nivel, mayor será el control. A fin de cuentas, democracia es control del dinero del contribuyente, o sea, de los impuestos. Por eso sería bueno que las autonomías y municipalidades empezaran a recaudar sus propios impuestos y los gastasen. ¿Que los vecinos quieren buenas escuelas, buenos servicios de bomberos o de policía? Pues que los paguen. ¿Que no quieren pagar tanto? Pues tendrán peores servicios. Así de sencillo. Pero esto no es lo que ofrece el actual Gobierno español. En realidad, nadie sabe bien lo que ofrece nuestro Gobierno. Mucho apunta que más que una redistribución de cargas, busca comprar el apoyo que necesita para seguir gobernando. Y eso, no. Eso es precisamente lo contrario de lo conveniente. Sobre todo si ese 15 por 100 se usa no para hacer más flexible y eficaz el Estado español, sino para hacerlo más pobre, más insolidario y más desunido. Es lo que nos tememos y nada celebraríamos tanto como equivocarnos. Porque la idea es buena. Quienes nos hacen dudar son los encargados de llevarla a la práctica.

(14 de septiembre de 1993.)

Alfabetos

Nuestras autoridades están legítimamente orgullosas del descenso del analfabetismo en nuestro país. Nos quedan todavía un millón de analfabetos, pero la inmensa mayoría tienen más de cincuenta y cinco años. Las nuevas generaciones están prácticamente alfabetizadas al cien por cien. Magnífico. Pero no nos dejemos otra vez deslumbrar por las cifras. Tanto o más importante que saber leer es que se lea. Y en España se lee muy poco. Y lo más importante de todo es entender lo que se lee. Algo cada vez más difícil. El lenguaje se hace cada vez más críptico, más técnico, más equívoco. No sólo los economistas, sino los políticos hablan un lenguaje de doble y triple sentido, que oscurece la realidad en vez de aclararla, con lo que desorientan al público en vez de iluminarle. De ahí que esas cifras sobre la alfabetización a secas nos digan muy poco. No llegamos a lo de Unamuno, que prefería un analfabeto a un alfabeto, es decir, a alguien que lee sin entender. Aunque también es verdad que los alfabetos están hoy más expuestos a ser engañados que nunca. Y el mundo actual está lleno de alfabetos. Es por lo que siendo la nuestra la era de la información, el gran público está menos informado que en ninguna de las anteriores. Aunque de esto tenemos más culpa nosotros, los informadores, que ustedes, los informados, por lo cual pido respetuosamente disculpas.

(15 de septiembre de 1993.)

Israelíes y palestinos

Cuando cayó el muro de Berlín, nos dijimos: «Esto ha sido gordo. Pero lo que no llegaremos a ver será la paz entre árabes e israelíes.» Bueno, pues ya lo tenemos en puertas. No sabemos si es que la historia va tan deprisa que en una vida humana puede verse ya toda una era, o que los hombres nos hacemos más sabios. Posiblemente sea lo primero, porque de lo segundo no hay muchos indicios. En cualquier caso, judíos y palestinos parecen haberse dado cuenta de que manteniendo la actitud anterior ninguno ganaba, ambos perdían. Israel, prestigio internacional y altura moral. Los palestinos, tiempo y vidas. Sin acercarse ninguno a sus últimos objetivos. Israel, aplastar a los palestinos. Los palestinos, echar al mar a los judíos. Ni la ley del ejército más fuerte ni la de los terroristas más contumaces ha logrado imponerse. Podían obtener victorias parciales, pero no el éxito total que necesitaban. Al final, como esos boxeadores cansados de intercambiar golpes sin derrumbarse, han decidido contentarse con el combate nulo. La fórmula ha sido la apuntada ya en un principio: paz por territorios. Israel devuelve por lo menos parte de los territorios ocupados, y los palestinos reconocen a Israel. Si lo hubieran aceptado cuando se ofreció por primera vez, en la Resolución 242 de Naciones Unidas, allá por 1968, muchos muertos y sufrimientos se hubieran ahorrado. Pero tampoco hay que pedir a los hombres que seamos tan sabios. Con que terminemos aceptando la realidad debemos darnos por satisfechos.

(16 de septiembre de 1993.)

Verstrynge

¿Ha cambiado Verstrynge o ha cambiado el PSOE? La opinión general es que ha cambiado el político tránsfuga, y él es el primero en admitirlo, incluso para justificarlo. «Debemos cambiar de opinión cuando comprendemos que estábamos en un error», ha dicho. Pero ¿no ha cambiado el PSOE tanto o más que él? Entre el Partido Socialista Obrero Español de finales de los años setenta, aquel de OTAN no, sandinistas sí, los trabajadores al poder y los capitalistas al exilio, y este de 1993, que recorta las pensiones, se enfrenta a los sindicatos y se muestra ansioso de participar en todas las acciones bélicas de la alianza occidental, hay más diferencia que entre el Verstrynge delfín de Fraga y el Verstrynge que suplica humildemente en Ferraz el ingreso como militante de base. El cambio de partido de tan colorido personaje podía tomarse a cachondeo y hace recordar la anécdota de Agustín de Foxá cuando los italianos decidieron entrar en la guerra al lado de los alemanes. Al entonces diplomático español en Roma no se le ocurrió otra cosa que dar públicamente el pésame a sus colegas alemanes. Aquello le costó el puesto y le valió la fama. Muchos dan hoy el pésame al PSOE por su nuevo afiliado. Yo me inclino a dárselo a Verstrynge.

(17 de septiembre de 1993.)

Paz en el Oriente Próximo

Suele decirse que se necesita más valor para la paz que para la guerra. Al fin y al cabo, la guerra es una locura colectiva, y en la locura se hacen cosas impensables. Pero en el estado normal de la mente, dar un paso adelante, incierto, peligroso, cuesta muchísimo, y la mayoría no lo da. El Gobierno israelí y el liderato de la OLP lo han hecho, demostrando, por lo pronto, mucho valor, y, luego, mucha sabiduría. Lo más fácil era seguir como hasta ahora: intercambiando golpes, insultos, soflamas. Lo difícil era romper el bloqueo mental, los odios arraigados, los resentimientos profundos, las ventajas a corto plazo. Es lo que diferencia al demagogo del gobernante, al mero político del estadista. El demagogo hace sólo lo que gusta al pueblo, sin importarle si es lo correcto. El estadista hace lo que conviene a su pueblo, aunque no sea de su agrado. Isaac Rabin y Yasser Arafat han actuado como estadistas, no como meros políticos. No sabemos si su arriesgado y valiente paso llevará a la meta deseada, a una paz definitiva entre sus pueblos. Pero se han ganado ya el agradecimiento, no sólo de los suyos, sino también del mundo entero. Pues una de las mas trágicas ironías de nuestro tiempo es esa sangre que riega diariamente una tierra santa para tres religiones.

(20 de septiembre de 1993.)

Fragmentación

De cuantos síntomas se aprecian hoy en España, el más peligroso, más peligroso incluso que la crisis económica, es el proceso de confrontación en marcha a todos los órdenes y niveles. Hay cada vez más hostilidad entre los estamentos sociales, entre las distintas regiones, entre las asociaciones profesionales, entre las formaciones políticas. Incluso dentro del partido gubernamental se aprecian dos frentes claros, listos a saltar a la yugular del otro. Aquel consenso que presidió la transición se ha roto y sus esquirlas nos amenazan a todos. ¿Qué ha pasado? Pues que cada vez es más difícil de definir el proyecto político del presente Gobierno. Durante la pasada campaña electoral daba la impresión de que se trataba sólo de impedir el triunfo de la derecha. Ahora, más bien parece que trata de impedirse que gobierne la izquierda. Y algo parecido ocurre en el resto de la vida social, cultural y económica. No se pueden enviar mensajes tan contradictorios, so pena de que la gente acabe desorientada.

Precisamente ahora que necesitamos la mayor coherencia posible para afrontar la formidable crisis que nos atenaza, es cuando más divididos andamos. Se cruzan reproches como pedradas catalanes y extremeños, vascos y andaluces, madrileños y periféricos, Gobierno y oposición, renovadores y guerristas. En esto hemos devenido tras diez años de gobierno del PSOE. En cien tribus, y ni siquiera bien avenidas dentro de sí.

(21 de septiembre de 1993.)

Tránsfugas

¿Qué dirían ustedes de alguien que, tras haberle tenido como huésped, se hubiera ido con la cubertería de plata? Pues por lo menos que es un sinvergüenza, ¿verdad? Pero ¿qué dirían de un ordenamiento jurídico que permitiera tal desafuero? Pues que ni es ordenamiento ni es jurídico. Y tendrían toda la razón. Pero resulta que el ordenamiento de nuestra democracia permite eso e incluso más: que el invitado le eche a usted de su casa, quedándose en ella, con sus nuevos amigos, como dueño y señor. Eso, ni más ni menos, hacen los tránsfugas políticos. Señores, por llamarles de alguna manera, que obtienen un escaño al amparo de un partido, luego se pasan a otro con el escaño pegado al trasero y, en ocasiones, como ha ocurrido en Aragón, precipitan un cambio de gobierno. Y eso es demasiado, aparte de antidemocrático. Siendo una de las cosas que más urge reformar en nuestra democracia, si no queremos que deje de serlo. El caso es aberrante por dos motivos. Porque en el sistema electoral español no se elige a un determinado candidato. Se eligen listas cerradas, o sea, un partido. Esto debería significar que si uno de los elegidos quiere abandonar el partido, debería dejarle el escaño.

Pero no, se va con él, lo que significa una estafa a los votantes que se inclinaron por una formación política y ven cómo sus votos son utilizados en beneficio de otra. Lo que es la segunda aberración. Siempre ha habido traidores en política. Se les ha pagado bien, aunque Roma no les pagaba. Pero se les ha pagado en dinero, en prebendas, en servicios. No violando la voluntad de los electores. Son razones más que sobradas para un pacto de todos los partidos contra los tránsfugas. Porque si ganan con unos, pierden con otros. Pero la democracia pierde siempre.

(22 de septiembre de 1993.)

Tribunal Supremo

Del Tribunal Supremo me había imaginado cualquier cosa. Que era serio, aburrido, salomónico incluso. Pero que fuese también un guasón no me lo pude imaginar nunca. Y, sin embargo, acaba de producir la mayor gracia de la temporada. Que se considere que los parlamentarios de Herri Batasuna no injuriaron al Rey en la Casa de Juntas de Guernica cuando interrumpieron su discurso con el himno al soldado vasco, pase. Que se dictamine que estaban en su derecho de expresar así su opinión, de acuerdo. Que con ello no causaron desórdenes públicos, pues vamos a admitirlo, ya que no se mató ni hirió a nadie, como suelen acabar allí las cosas, aunque alguno salió en volandas. Pero que se diga que con ello pretendían mostrar su aprecio institucional al monarca no lo supera ninguno de los buenos y muchos humoristas que alegran a diario la vida española. Me imagino cómo habrán abierto los ojos Idígoras y sus camaradas al enterarse. Ellos mostrando aprecio al rey de los españoles. Son capaces de presentar recurso, pues eso es mucho peor que ser condenados.

Ya decía Hegel que la Historia está movida por un geniecillo malicioso. Pues la última ironía de esta historia es que aquellos incidentes fueron uno de los desencadenantes del 23-F. Si Tejero y sus acompañantes en el asalto al Congreso supieran que, doce años después, el Tribunal Supremo consideraría los sucesos de Guernica una muestra de aprecio al Rey, se mueren del susto. ¡Qué forma de perder el tiempo! Ellos y los parlamentarios de HB.

(24 de septiembre de 1993.)

Derroche

Se lo mostramos la otra noche: al finalizar la solemne apertura del año judicial, el presidente del Tribunal Supremo pregunta al Rey si le han gustado los discursos. Don Juan Carlos dice que sí. Ante lo que don Pascual Sala se apresura a anunciarle que se los enviará en encuadernación de lujo. Respuesta de Don Juan Carlos: «No te gastes el dinero.» Pocas muestras más representativas de la actualidad española. Por una parte, las Administraciones disparando con pólvora del Rey; por la otra, el Rey pidiéndolas que ahorren. El derroche oficial alcanza niveles delirantes. Ese mismo presidente del Supremo que ofrece ediciones de lujo se queja de la falta de medios de la justicia española, cosa que puede comprobar cualquiera que pise un juzgado. Está en la línea de un gobierno que quiere reducir las pensiones, pero financia vacaciones para los jubilados. Se dirá que es el chocolate del loro. No lo es. En el caso de las vacaciones, son seis mil millones de pesetas. Las ediciones de lujo pueden incluso superarlas. Autonomías, ayuntamientos y organismos oficiales se han convertido en la mayor editorial de

España. Por todas partes surgen ediciones en cuero y papel cuché, que se regalan o quedan almacenadas en cualquier sitio, pues no sirven para nada. Y así con mil cosas. Se gasta en lo superfluo y no queda para lo necesario. Es irónico que tenga que ser el Rey quien recomiende el ahorro. Los reyes, tradicionalmente, eran símbolo de boato, de lujo, de derroche. Hoy, simbolizan la austeridad, mientras el despilfarro recae sobre los que deberían velar por nuestros intereses. Por este camino, dentro de poco no tendremos para pan, pero siempre podremos comernos las ediciones de lujo, como los ratones.

(24 de septiembre de 1993.)

Muerte de dos etarras

Es la grandeza y servidumbre de la democracia: conceder a quienes la atacan derechos que ellos niegan a sus víctimas. Todas y cada una de las víctimas de ETA, que son centenares, no han podido reclamar la justicia y las explicaciones que están recibiendo Miren Gurutze y Xabier Galparsoro. Es lo primero que tenemos que tener cuenta en este caso: que los seguidores de ETA no tienen el menor derecho a escandalizarse después de no haberse escandalizado por las acciones de la banda terrorista, incluidas las más sangrientas. Han perdido toda autoridad moral y racional, supuesto que les quede un ápice de ambas. La preocupación y esclarecimiento de esas dos muertes es, pues, cosa nuestra, de los demócratas que creemos que el fin no justifica los medios y que incluso el mayor criminal tiene derecho a ser defendido con todas las garantías. Es posible, como admitió el ministro Corcuera, que en el arresto y posterior procedimiento de ambos detenidos se cometiesen errores, negligencias incluso. Pero eso, primero, hay que probarlo. Luego, demostrar que hubo premeditación, cosa de la que no hay indicios. Y en cualquier caso, no podrá nunca compararse al asesinato a traición, al coche bomba en plena vía pública. Que no se alarmen los amigos, confesados y ocultos, de los criminales. Somos nosotros los primeros interesados en esclarecer esas dos muertes. Pero no por contentar a los asesinos y sus cómplices, sino porque nos lo exige nuestra moral y nuestro compromiso democrático. Y nadie se alarme por lo que pueda salir. La historia de la democracia es una larga historia de errores corregidos. Mientras la historia de los déspotas es una historia, larga también, de crímenes repetidos. Es lo que nos diferencia. Y por lo que, a la postre, vencemos siempre nosotros, no ellos.

(27 de septiembre de 1993.)

Elecciones gallegas

Las elecciones gallegas son las primeras que se celebran en España después de las últimas generales. En circunstancias normales, esto no tendría mayor valor. Pero las últimas elecciones fueron atípicas. No porque se adelantaran, sino porque se manipularon. No en los votos, válgame Dios, sino en el contenido. Felipe González hizo una campaña, y está gobernando de forma opuesta. Ya sabemos que todos los candidatos exageran sus promesas. Pero esta no fue una exageración, fue una inversión. González está gobernando con el programa de sus competidores. En este sentido, el presidente del Gobierno es el mayor tránsfuga de la escena política española. Pero a diferencia de los Piñeiros y Gomáriz, que se fugaron de las filas conservadoras a las socialistas, González se ha fugado de las socialistas a las conservadoras. De ahí el interés de las elecciones gallegas que hoy se anuncian. ¿Cómo reaccionará el electorado ante ello? Ya sé que Galicia es una comunidad muy específica, muy aparte, con unos problemas muy suyos. Y que la mayoría de los gallegos votará el 17 de octubre según esos problemas, no según los generales de la nación. Pero siempre habrá unos cuantos que votarán según el contexto general, según piensan y sienten cómo va este país bajo un Felipe González que ya nadie sabe bien dónde está. Si somos capaces de detectarlos, el día 18 de octubre sabremos también algo más importante: dónde está España.

(28 de septiembre de 1993.)

Estado de bienestar

¿Es Carlos Solchaga socialista? El gran debate dentro del PSOE puede reducirse a esa pregunta. El ex ministro de Hacienda ha dicho que el Estado de bienestar social debe cumplir sus obligaciones sólo con los que realmente lo necesitan. No con los vagos o con los que no lo necesitan. ¿Saben ustedes quién proclamó esto primero? Ronald Reagan. El presidente norteamericano sostuvo que el Estado debe limitarse a tender una red para los más necesitados, nadie más. Pero mientras Reagan llegó a tal principio por convicción, Solchaga ha llegado por necesidad. Se ha dado cuenta de que el Estado no puede garantizar el bienestar de todos sus ciudadanos. No hay dinero para tanto. De ahí el recorte de prestaciones que propone, dejándolas en las imprescindibles. Es una pena que no se hubiera dado cuenta de ello cuando era ministro de Hacienda. Como tal aprobó las medidas que están llevando al país a la bancarrota. Pero mejor tarde que nunca. Aunque la verdadera pregunta no es si Solchaga ha dejado de ser socialista, sino si Felipe González ha dejado de serlo.

Pues quien está detrás de esa maniobra para cambiar el alma del PSOE es él. ¿Para qué se creen que ha puesto a Solchaga al frente del grupo parlamentario? ¿Para que nos divirtamos viéndole insultar a este o al otro? No. Para que hable por él. Quien está de verdad diciendo que hay que acabar con el Estado de bienestar es el mismísimo Felipe González. Sólo que prefiere que lo diga otro. Y que reciba las bofetadas por él. Solchaga hoy es el Guerra de antaño. En este país siempre hay gentes dispuestas a recibir las tortas por su jefe. E incluso le dan las gracias.

(29 de septiembre de 1993.)

Octubre de 1993

Dinosaurios

¿Por qué se han puesto de moda los dinosaurios? ¿Por qué ahora, precisamente, nos fascinan esos bichos enormes, feos y, al parecer, bastante estúpidos, que desaparecieron de la faz de la Tierra hace la friolera de sesenta millones de años? ¿No será porque nos recuerdan a bastantes contemporáneos? De otra especie, claro, pero con sus típicas características. Los dinosaurios, nos dicen los expertos, desaparecieron por no saber adaptarse a las nuevas condiciones que trajo no se sabe bien qué, un meteorito o cualquier otra catástrofe. El caso es que no lograron ajustarse a la situación radicalmente nueva que empezó a reinar tras el cambio climático. Y son también muchos los que no saben adaptarse a la nueva situación en el mundo tras los cambios políticos que han traído el hundimiento del comunismo, la economía global y la revolución de las comunicaciones. Los dinosaurios más evidentes son esos que intentan resucitar la Unión Soviética, sin darse cuenta que dicha unión está más muerta que la momia de Lenin. Pero son dinosaurios también los socialistas que creen en un Estado que garantiza a todos el bienestar por las buenas. O los reaccionarios de la acera de enfrente, que creen que todo se arregla «poniendo orden». O los sindicalistas que siguen viendo al patrono como el enemigo del trabajador. Hay dinosaurios por todas partes: en el ejército, en los medios de comunicación, en la Iglesia, en el arte, en las finanzas, en los deportes. Hay dinosaurios con boina y con traje de Armani. Los hay en todas las razas, países y clases sociales. En España, el parque jurásico más importante es el de ETA.

(1 de octubre de 1993.)

Real Madrid

Que no se me enfaden los seguidores del Madrid, por favor. Que esperen al final de este comentario. Tiene el Real Madrid fama de equipo oficialista. No importa el régimen o el gobierno que rija España. En tiempos de Santiago Bernabéu, tenía aromas franquistas, y en los presentes, felipistas. ¿A qué se debe? Pienso que a un mimetismo que va más allá del fútbol e incluso de la política, para calar en las capas más profundas del alma española. Uno no se llama Madrid en vano. Madrid ha representado siempre la capital de un Estado fuertemente centralizado. El Gobierno, en suma. Y no puede uno sustraerse de ello. Ese mimetismo actúa en ambas direcciones. Además, de forma implacable. Los períodos álgidos de los gobiernos han correspondido siempre a las épocas de triunfo del Real Madrid. La España del desarrollo, la expansión, el Seiscientos y el turismo correspondió al Madrid de Di Stéfano, Puskas y Gento, con sus cinco copas de Europa. Como la España eufórica, exagerada y derrochadora de los ochenta correspondió al Madrid devorador de la Quinta del Buitre. Por la misma regla, las crisis políticas y económicas corresponden a las vacas flacas del Madrid. Ahora nos encontramos en una de ellas. El felipismo ha entrado en crisis. Y el Madrid también. No es culpa de Benito Floro ni de Prosinecki ni de nadie. Es culpa de esa misteriosa relación entre el equipo blanco y el gobierno, que nadie ha estudiado, pero que se presenta con la regularidad matemática de las mareas. Así que ya sabe lo que tiene que hacer Ramón Mendoza. No cambiar de entrenador ni de jugadores. Cambiar de gobierno. Porque si no, le cambian a él.

(4 de octubre de 1993.)

Rusos y chinos

Uno de los debates más vivos en la escena internacional es quién ha elegido mejor camino para salir del comunismo, los rusos o los chinos. Porque no pueden elegirse caminos más diferentes. Los rusos prefirieron empezar por la reforma política, la *perestroika,* para pasar luego a la económica. Los chinos han hecho todo lo contrario: comenzar a reformar la economía, introduciendo en ella las leyes del mercado, dejando para más adelante la liberalización política. ¿Quién tiene razón? Si juzgamos únicamente por los hechos, no hay duda de que los chinos están obteniendo mucho mejores resultados. Su economía avanza a un ritmo que empieza a ser mirada con prevención no sólo por los asiáticos, sino por los propios norteamericanos y europeos. Las inversiones acuden hacia allí como las moscas a la miel y el alza del nivel de vida se nota a ojos vistas. Mientras en lo que fuera Unión Soviética, la liberalización política ha creado tal confusión que resulta difícil cualquier avance económico. Lo que está trayendo serias dificultades a los gobernantes y un descontento creciente entre la población. De seguir las cosas así, China podrá permitirse dentro de unos años una liberalización política, mientras Rusia tal vez vuelva a caer en el autoritarismo. Al menos es lo que apunta. Claro que todo esto es pura teoría. Falta por saber si los tecnócratas del Partido Comunista Chino que dirigen aquella reforma se decidirán un día a dar ese salto en el vacío que es pasar a la democracia o prefieren seguir ostentando el poder omnímodo que hoy tienen. La teoría de que a la democracia se va por el desarrollo económico es atractiva. La realidad es que la única forma de traer la democracia es haciéndola, sin que haya atajos hacia ella. Quiero decir que, tarde o temprano, los chinos tendrán que pasar por lo que están pasando hoy los rusos: aprender a convivir unos con otros, sin que les digan desde arriba cómo tienen que hacerlo. Ya sé que se hace mejor desde un alto nivel de vida que desde uno bajo. Pero el aprendizaje de la responsabilidad siempre es duro. Y si no, que nos los pregunten a los españoles.

(5 de octubre de 1993.)

Quiebra estatal

Por toda Europa doblan las campanas por el Estado de bienestar. ¿Y qué es el Estado de bienestar? Pues eso que el capitalismo ha creado bajo el influjo del socialismo: seguro de paro, pensión de vejez, cobertura de enfermedad y otras gratuidades de las que todos gozamos. Bueno, gratuidades no, porque las hemos pagado previamente. Se paga mientras se está sano, para recibir mientras se está enfermo. Se paga mientras se trabaja, para cobrar cuando deja uno de hacerlo. Ahora nos dicen que hay que recortarlo porque nos está llevando a la bancarrota. ¿Cómo es posible? Pues porque el Estado de bienestar había desembocado en un fraude: se daba más de lo que se recibía. Los políticos lo habían convertido en una fábrica de votos. De votos y de quiebras. Bien está que se pague una pensión de vejez. Pero cuando además se pagan viajes y vacaciones, las cuentas no cuadran. El seguro de desempleo es una obligación social. Pero cuando se paga sistemáticamente a los que nunca trabajan, las arcas se quedan pronto vacías. Las subvenciones a todo tipo de asociaciones van también a fondo perdido. Y si a eso se añaden los gastos de administración y lo que se queda por el camino, se entiende que no hay presupuestos que resistan y que los gobiernos hayan tenido que echar mano de la deuda pública de forma creciente. Todos los países están hoy empeñados hasta las cejas. Dicen que hay que recortar el Estado de bienestar. Pienso que lo que hay que recortar es el Estado a secas. Y, desde luego, el Estado de mangancia, dilapidación y amiguismo que hemos creado. Porque si no, quien va a quitar la jubilación a los viejos que han cotizado y el subsidio a los parados de verdad no va a ser la derecha, como amenazó Felipe González en la campaña electoral. Va a ser él, al quedarse con las arcas vacías.

(8 de octubre de 1993.)

Mrs. Thatcher sobre Felipe González

En las memorias de Margaret Thatcher que está publicando un diario madrileño, hay una de esas alusiones de pasada que aclaran más que cien libros. Se refiere a la entrada de España en la Comunidad Europea. La «Dama de Hierro» asiste en Moscú a los funerales de Chernenko. Allí se encuentra con Felipe González, «indignado con las condiciones que se ofrecían a España para entrar en la Comunidad.» O sea, que mientras en España González vendía la entrada en Europa como un gran triunfo, fuera echaba pestes de ella. Y lo que que es peor: nos metió en la

Comunidad pese a que las condiciones no eran buenas, como él ya sabía y comprobamos luego. La entrada en Europa fue un gran triunfo político. Pero económicamente dista mucho de serlo. Nuestras cuentas eran: en industria vamos a perder, pues Alemania, Francia, los Países Bajos son mucho más potentes que nosotros. Pero con la primavera llegando a nuestro país un mes antes que al resto de Europa, nuestros productos agrícolas van a barrer. Han resultado las cuentas de la lechera. Pese a ser importadores netos de ciertos productos agrarios y ganaderos, la Comunidad nos ha obligado a recortar nuestra producción agrícola y nuestra cabaña, con lo que seguimos exportando a Europa lo de siempre o menos. Aparte, naturalmente, del desarme industrial. Era lógico. Cuando se unen el fuerte y el débil, el pobre y el rico, gana el fuerte y rico, y pierde el pobre y débil. La Comunidad Europea ha ganado más con el ingreso de España —un amplio mercado— que lo que ganó España ingresando en la Comunidad Europea. Sobre todo por las condiciones que nos impusieron. Unas condiciones que, según nos cuenta Mrs. Thatcher, habían indignado a Felipe González. Pero que se tragó. En vez de negociar más duramente, como hizo Grecia, y no digamos ya Gran Bretaña. Pero a él le interesaba el tanto político. Algún día conoceremos la historia de nuestra negociación para entrar en Europa. Presiento que va a ser una historia triste. Triste como estaba Felipe González en el funeral de Chernenko.

(11 de octubre de 1993.)

Descubrir América

Está de moda atacar el descubrimiento de América. Particularmente, no creo que fuera ninguna suerte para España. Si la enorme energía concentrada en la joven nación que acababan de fundar los Reyes Católicos se hubiera canalizado hacia dentro, en vez de dispararse hacia fuera, hubiéramos creado no sólo el primer Estado moderno, sino también el más evolucionado, en vez de desangrarnos en un imperio que, como todos, terminamos perdiendo. Pero nada hay más sutil que recrearse en la historia que no fue. Fue así, y hay que aceptarlo. Como hay que aceptar lo bueno de aquello. La genialidad de Colón consistió en su fe en la capacidad del hombre para romper dogmas y barreras. Él y sus acompañantes se lanzaron al océano contra todos los conocimientos establecidos. Eran típicos hijos del Renacimiento. Y así encontraron no sólo un nuevo mundo, sino también una nueva era. La Edad Moderna, en la que vivimos. Después de 1492, los puntos de referencia políticos, económicos, culturales, religiosos y filosóficos fueron distintos. Nadie pretende ignorar las crueldades e injusticias de la colonización. Colón y sus acompañantes no eran santos. Pero el balance en su conjunto es positivo. Se ensanchó el mundo y se ensanchó la mente humana. El viaje que terminó hace 501 años fue el primer gran choque integrador de culturas y sociedades que habían vivido totalmente ajenas. Comenzó entonces eso que hoy llamamos la aldea global, que todavía no hemos conseguido.

(12 de octubre de 1993.)

Fraga

Llevo treinta y tantos años observando, hablando y discutiendo sobre Manuel Fraga. De sus compañeros del primer gabinete no queda ni rastro. ¿Cuál es el secreto de esa longevidad controvertida? Pienso que el hacer cosas. En un país donde la principal ocupación es hablar, Fraga hace. Muchas veces se equivoca y hace lo contrario de lo que debía. Pero él no puede estar sin hacer. Ello le granjea entusiasmos desbordantes y encendidas enemistades. Así, un año tras otro, en Madrid, Londres o Santiago. Con su oratoria acelerada y sus actitudes conservadoras. Aunque yo me cuidaría mucho antes de considerar a Manuel Fraga un conservador. Al menos un conservador moderno. Los modernos conservadores anteponen la libertad a cualquier otra cosa y desconfían tremendamente del Estado. Pocos políticos españoles reverencian al Estado como Fraga, hasta el punto de haberse dicho que lo lleva dentro de la cabeza. Tal vez por eso se bambolea al andar. En cuanto a la libertad, le importa, pero menos que las obras. Le veo más como un socialdemócrata a la antigua usanza, de aquellos que veían en el Estado el gran valedor del individuo. Es por lo que su batalla con los socialistas resulta, ideológicamente, vacía. Fraga cree en las tesis socialistas más que muchos hombres del PSOE. De su rival, Sánchez Presedo, sabemos tan poco que no nos atrevemos a hablar. Parece una simple sombra de Felipe González. Es el problema de estas elecciones gallegas. De Fraga sabemos demasiado y de Sánchez Presedo, demasiado poco. Menos mal que los gallegos son expertos en el difícil arte de distinguir las luces de las sombras.

(13 de octubre de 1993.)

Goteras en el Prado

Las goteras en el Museo del Prado son algo más que una anécdota. Son la muestra de una situación generalizada en España. Un país que gasta miles de millones en nuevos museos y deja entrar la lluvia en el más importante. Que organiza festivales fastuosos y tiene a un quinto de su población en paro. Que cierra fábricas y monta la línea férrea más cara del mundo. Que ha doblado el número de funcionarios y no sabe luego qué hacer con ellos. Que elige un Gobierno socialista para que luego gobierne en conservador. Este es el país de las maravillas, donde todo resulta lo contrario de lo que parece. La España de don Felipe González semeja una galería de espejos, donde los flacos se tornan gordos, y los gordos, flacos. Nos dijeron que íbamos a estar en la cabecera de Europa, y resulta que estamos a la cola. Nos creíamos ricos, y somos pobres. Tenemos las mejores colecciones de pintura, pero los turistas tienen que entrar en el Prado con paraguas. Todo esto ha funcionado mientras creíamos en el mago. Pero ahora que empezamos a conocer los trucos de Felipe González, todo el andamiaje de modernidad, renovación, brillo y milagrería se ha venido abajo, como un gigantesco poblado *Potemkin.* ¿Y saben ustedes qué es lo peor? Pues lo peor no es que hayamos despertado en el suelo de tan dulce sueño. Lo peor es que la culpa no la tienen nuestros gobernantes de todos estos años. Lo peor es que la tenemos nosotros, que les hemos elegido y seguido eligiendo.

(14 de octubre de 1993.)

El voto gallego

¿Van a decirnos las elecciones gallegas el ánimo político que se respira hoy en España? Pues sí y no, lo que es una contestación muy gallega. Van a decírnoslo porque Galicia se ha convertido estos días en campo de liza de la política nacional. Allí han ido los líderes más destacados y allí se han debatido los problemas más candentes. Imagino la sonrisa con que los gallegos habrán oído decir en sevillano o castellano de Valladolid cuál es la solución de dichos problemas. Pero los problemas de Galicia son demasiado antiguos y profundos para que puedan aprenderse en un curso de quince días. Los gallegos van a votar, principalmente, por esos problemas. Pero no van a poder sustraerse de las circunstancias especiales en que se celebran sus elecciones. Las primeras con un Gobierno socialista en minoría. Las primeras en plena crisis económica. Quiero decir que va a votarse no sólo a Fraga o a Presedo, sino también a Aznar o a González, que para algo han andado por allí. Como va a votarse a Beiras, que nunca salió de allí, y que puede dar una campanada. No vamos a recomendar a los gallegos el voto por nadie, pues saben de sobra decidir por sí mismos. Pero vamos a recomendarles que voten. Que voten y piensen que están eligiendo no sólo un gobierno gallego, sino también que están indicando a un país políticamente desconcertado y económicamente en bancarrota por dónde sopla el viento. Pocas veces ha pesado más Galicia en el conjunto de España. Menos mal que pocos españoles hay más políticos que los gallegos, aunque ellos prefieren disimularlo.

(15 de octubre de 1993.)

Terremoto en Galicia

En las elecciones gallegas hubo tres vencedores: Fraga, Beiras y Guerra. Y un solo vencido: Felipe González. ¿Cómo que González?, me dirán ustedes. ¿Dónde deja a Sánchez Presedo? Pues le dejo en el sitio que eligió: a la sombra de González, creyendo aquello de quien a buen árbol se arrima, buena sombra le cobija. Se equivocó de medio a medio. En vez de una sombra, le alcanzó un rayo. Este 17 de octubre marca un hito en la moderna historia española. Marca el principio del fin de un líder carismático y hasta ahora invencible. Felipe González ya no gana elecciones. Y ese era su gran triunfo, lo único que le quedaba después de haber arruinado España y machacado su partido. No más. Ya no las gana. Las pierde. Se ha roto su magia, ha perdido su talismán. Comienza su decadencia, que será más corta o más larga, pero inevitable. Lo que nos obliga a plantear la pregunta: ¿y después de González, qué? Que recuerda aquella otra: ¿y después de Franco, qué? El franquismo, nos contestaban. No fue el franquismo, fue algo muy distinto. Estos regímenes personales no sobreviven a sus fundadores. Después de Felipe no vendrá el felipismo, como creen los renovadores. Vendrá el PSOE. Y el PSOE lo representa Alfonso Guerra mucho mejor que ellos, crecidos a la sombra del gran jefe. Galicia ha sido la campaña de Rusia de Napoleón González. Aunque no hay que olvidar que Bonaparte libró todavía muchas más antes de Waterloo. Es esta una larga historia que seguiremos contando. La historia de hoy es que, en Galicia, también ganó Guerra, sin ni siquiera asomar por allí. No le dejaron.

(18 de octubre de 1993.)

Complicidad terrorista

¿Quiénes son peores, los terroristas o sus cómplices? Vaya pregunta, me dirán ustedes. Es como preguntar qué es mejor, una tarántula o una víbora. De acuerdo. Pero casi encuentro más canalla al cómplice que al terrorista. Aunque nuestros terroristas no son precisamente ejemplo de valentía, siempre atacan a traición, al menos se la juegan. E incluso a veces son víctimas de sus propias bombas. Los cómplices, no. Los cómplices forman esa espesa tela de araña que protege al cobarde atentado. Son quienes les dan cobijo, facilitan información, sirven de mensajeros. Quienes, sin conocerles, les justifican y, conociéndoles, no les condenan. Esa es la trama en que se mueve ETA, ese es su caldo de cultivo, no sólo en el País Vasco, sino en toda España. Pues no crean que esos comandos que asesinan en Madrid o Levante actúan en el vacío. Tienen que apoyarse en alguien, tan criminal como ellos, aunque se ofendería si se lo llamáramos. Pueden ser estudiantes, trabajadores, padres de familia, señoras de comunión diaria, funcionarios, empresarios. Gozan de buena fama entre sus amistades y cumplen sus deberes. Pero están más podridos que los que ponen bombas o disparan en la nuca. Esos están ya quemados por la violencia. Sus cómplices, en cambio, conviven con gentes normales, saben que los españoles quieren vivir en paz, trabajar, gozar de los suyos y de lo que la existencia pueda ofrecerles. Saben que en este país no hay nada que justifique no ya el matar, sino herir a otro. Y, sin embargo, ellos son los culpables de que se siga hiriendo y matando. Son los villanos más indignos de este drama. Nuestro desprecio hacia ellos es demasiado poco. Es necesario que les caiga encima todo el peso de la ley. En un país civilizado, no tienen cabida las fieras carroñeras que viven de los cadáveres que otros matan.

(19 de octubre de 1993.)

En el fondo del mar

De cuantas mentiras nos ha contado este Gobierno, y miren que nos ha contado, la mayor es esa de que la crisis ha tocado fondo, que viene repitiéndonos desde abril. La crisis no sólo no ha tocado fondo, sino que le queda todavía lo peor. No hace falta ser un experto para saberlo. Basta con tener los ojos abiertos y saber sumar. O restar. Basta con mirar alrededor y comprender que cuando los despidos de SEAT y otras firmas automovilísticas alcancen, con su efecto catarata, el resto de nuestra economía, el impacto va a ser brutal. Basta calcular que cuando, el próximo año, los ingresos del Estado sean muchos menos, a causa de la crisis, y los gastos muchos más, por igual motivo, la situación puede tornarse crítica. Y basta recordar que si Estados Unidos lleva tres años forcejeando con la crisis sin acabar de salir de ella, no vamos a escapar nosotros con unos cuantos meses. Todo esto lo sabía Felipe González cuando adelantó las elecciones, y no nos lo dijo. Era todavía justificable, porque un político tiene derecho a convocar elecciones cuando más le conviene. Pero que nos siga diciendo seis meses después que ha tocado fondo, sólo puede significar dos cosas: que no saben lo que se traen entre manos o que son más cínicos de lo que nos figurábamos. O las dos cosas al mismo tiempo.

(20 de octubre de 1993.)

Debate presupuestario

Si necesitáramos todavía una prueba de que nuestra democracia está aún en mantillas, nos bastaría contemplar el debate sobre los presupuestos. Se trata del debate más importante de toda sociedad civil. A fin de cuentas, democracia es el control del dinero del contribuyente. ¿Y qué hacemos los españoles ante ese debate? Pues los españoles se lo dejamos a los políticos, mientras nosotros nos dedicamos a corear el sainete de un falso conde, su mujer y su amiga, en el que sólo hay de verdad los cuernos, o la batalla campal entre una señora estupenda y un cronista de sociedad (he dicho sociedad no suciedad) a la vista de todo el mundo. Como si los presupuestos no fueran con nosotros. Cuando son los que van a regir nuestras vidas y haciendas el próximo año. Pero eso es muy aburrido y se lo dejamos a los políticos. Dejar el dinero a los políticos es como dejar a un niño el tarro de mermelada y esperar que no se pegue un atracón. Que es lo que aquí ha ocurrido. Por eso nadie ha dicho en el Congreso que los presupuestos del 94 son pura ficción, basada en datos falsos, previsiones irreales y partidas escamoteadas. Entre los presupuestos que van a aprobarse y las cuentas reales del reino el año que viene hay tanta semejanza como entre un enjuto pez de río y un cachalote. Y el bendito pueblo español riéndose con los cuernos del conde falso a sus dos mujeres, cuando, para cuernos, los que están a punto de ponerle a él sus políticos con estos presupuestos.

(21 de octubre de 1993.)

Cien días de gobierno

Ha evitado lo peor, pero todo el resto le ha salido mal. Así podrían resumirse los cien primeros días del último gabinete González. Ha conseguido el apoyo catalán para pasar los presupuestos. Lo que significa un balón de oxígeno para seguir gobernando. Pero aparte de eso, no ha oído ni una sola noticia buena. La situación económica no hace más que agravarse. El descalabro en Galicia fue sonado. El terrorismo ha revivido. Se profundiza el divorcio interno del partido. Y los escándalos continúan. No es un balance como para presumir. Incluso el pacto con los catalanes ha salido carísimo. En primer lugar, porque no han entrado en el Gobierno, como él quería, sino que se limitaron a un mero acuerdo sobre presupuestos. Luego, porque el precio fue altísimo: quedar como si vendiera al resto del país por ello. ¿Va a poder seguir gobernando? Sí, pero cada vez más en precario. Más acosado desde fuera y discutido desde dentro. Con un Aznar crecido, un Anguita dispuesto siempre a echarle en cara sus traiciones y un Pujol listo a abandonarle a la menor señal de alarma. ¿Qué truco se sacará de la manga González para salir de esta tenaza? Será interesante saberlo.

(22 de octubre de 1993.)

Divorcio socialista

Quien después de este fin de semana diga que no existen diferencias fundamentales entre Felipe González y Alfonso Guerra, es ciego o no quiere ver. Secretario y vicesecretario general del PSOE discrepan sobre el concepto de Estado, el modelo de sociedad y la estructura del partido. ¿Quién tiene razón? Pues lo más grave es que la tienen los dos. Si la tuviera uno, la cosa sería fácil, imponiéndose el que la tiene de su parte. Pero como la tienen los dos, seguirán forcejeando indefinidamente. González cree que la nueva situación obliga al socialismo a desprenderse de sus dogmas más queridos: ser el partido de la clase obrera, estar unido a los sindicatos, considerar al Estado como el gran igualizador de la sociedad. Con que permita el juego limpio, basta. El resto lo hará el libre mercado y la iniciativa individual. «Ese socialismo ha dejado de ser socialismo», advierte Guerra. El Estado debe seguir teniendo un papel importante, tanto en el proceso económico como en la estructuración de la sociedad.

¿Quién tiene razón? Como decimos, los dos. Las nuevas circunstancias convierten al individuo y al mercado en los grandes motores del bienestar de las naciones. Pero, por otra parte, tambien es verdad que un socialismo sin afán igualizador y sin protagonismo del Estado no es socialismo. Así estamos. Los españoles debemos pedir a los socialistas que resuelvan pronto sus diferencias. Porque, en el forcejeo, lo que estamos teniendo son dos fórmulas al mismo tiempo, con resultados desastrosos. Un Estado que ha crecido monstruosamente y una economía de rapiña. Esto no hay quien lo aguante. Señores González y Guerra, pónganse ustedes de acuerdo, decidan si tenemos una economía libre o planificada, si el Estado debe ser el motor o el corrector de la sociedad. Porque con su doble Estado, doble economía y doble socialismo, nos están llevando a la ruina, si no nos han llevado ya.

(25 de octubre de 1993.)

Cloning

Eso del *cloning,* del duplicado que han hecho dos científicos norteamericanos con un embrión humano, ya lo habían inventado los políticos españoles. En realidad, no saben hacer otra cosa. Felipe González está duplicando el partido conservador de Reagan o la Thatcher, con su adoración al mercado y su odio a los sindicatos. Mientras, Alfonso Guerra trata de duplicar el socialismo de Pablo Iglesias, de solidaridad, utopía y boina. José María Aznar intenta duplicar aquel centro que Suárez no fue capaz de retener, mientras Anguita no sabe qué comunismo duplicar, el italiano o el soviético. Por su parte, los nacionalismos se limitan a duplicar el Estado central a pequeña escala. Y así están todos, duplicando de la noche a la mañana. Lo malo es que luego les sale algo totalmente distinto a lo que pretendían. A González, en vez de conservadurismo le sale caudillismo. A Guerra, en vez de Pablo Iglesias le sale Julio Iglesias. A Aznar, en vez de centro le sale Fraga. A Anguita le sale el tiro por la culata. Y a Pujol y Arzallus, en vez del ataque al odiado Gobierno central, les sale su apoyo al mismo. Los hombres somos así de estúpidos. Queremos una cosa y casi siempre obtenemos lo contrario. En la vida política española hay hoy más absurdo que en una película de Almodóvar, que, por cierto, estrenó hoy la última. Aquí, todo el mundo tratando de poner los cuernos a alguien, y acaban poniéndoselos a él. Por eso es tan divertido. Aunque un poco caro.

(26 de octubre de 1993.)

Ramón Mendoza

Lo peor de la baladronada de Ramón Mendoza sobre el gol que le metió al Ayuntamiento no fue que, en efecto, engañó a la corporación municipal madrileña con el edificio en la plaza de los Sagrados Corazones. Lo peor es que se haya vanagloriado públicamente de ello. Cuando personajes conocidos se vanaglorian de engañar a cualquier organismo público, la salud de esa sociedad va mal, muy mal. Porque el Ayuntamiento, o el Estado, tanto da, somos todos. O sea, que a quien engañó el presidente del Real Madrid fue a todos los madrileños. El próximo paso será que el presidente de cualquier club histórico alardee de haber engañado a Hacienda. Este es el clima que ha creado en España la cultura del pelotazo y el enriquecimiento a cualquier precio que domina nuestra sociedad. Hubo tiempos en que nos escandalizábamos porque los niños españoles querían ser futbolistas y no ingenieros o profesores. Eso no es nada comparado con lo de ahora. Con estos ejemplos, pronto querrán ser simplemente estafadores de los organismos oficiales. No creo que sea algo específico del señor Mendoza, que sin duda estaba algo nervioso por la mala marcha de su equipo, para darse cuenta de la barbaridad que decía. En cualquier caso, debe una explicación. No a nosotros, sino a los seguidores de su club. El Real Madrid se merece algo mejor que un engaña-ayuntamientos a su frente.

(27 de octubre de 1993.)

Cena en la Moncloa

Si la nuestra fuera una democracia madura, la entrevista de anoche Aznar-González sería normal. La crisis es mayor de lo esperado. Ningún partido tiene soluciones para ella. Se impone la gran coalición. Es lo que hacen los países modernos en situaciones como esta. En España, sólo hay un inconveniente: la incapacidad de Felipe González de pactar. Si no es capaz de pactar con los suyos, ¿cómo va a pactar con los adversarios? Se me dirá que acaba de pactar con los catalanes. Responderé que no ha pactado con ellos: los ha comprado, cediendo a una serie de sus demandas. Pero conservando el gobierno personal, que es el único que le va. Ahora intenta hacer lo mismo con los populares. Éstos se muestran recelosos, con razón. Felipe González cree que la política consiste en seducir al adversario. La dificultad está en que se puede seducir a las personas, pero no a los problemas. Los problemas no tienen oídos, y es lo mismo decirles te adoro que te odio. Siguen ahí. No sé si José María Aznar habrá terminado seducido en la cena de cuatro horas en la Moncloa. En realidad, tampoco importa. Hasta que González no se dé cuenta de que la política no es una rama de la dialéctica, de que los problemas no se resuelven con palabras, de que gobernar no es cautivar, la crisis seguirá. Y además, cada vez peor, como ocurre desde que alcanzó su cuarto mandato.

(28 de octubre de 1993.)

La nueva Europa

Nos dirán que todo sigue bien, que la construcción europea continúa su curso, que los plazos se cumplen, que todo sigue igual. No es verdad. No todo sigue igual. Por lo menos un punto clave ha cambiado. La Europa de 1993 no es la Europa soñada por sus unificadores, Monet, Schumann, Adenauer. Aquella era una Europa pequeña, manejable, occidental, en torno al eje París-Bonn. Ese proyecto ha quedado totalmente sobrepasado por el hundimiento del bloque oriental. Europa ya no termina en el muro de Berlín. Se extiende por Polonia, Rusia o lo que fueran Checoslovaquia y Yugoslavia. Algo que no puede ignorar, pues pueden caérsele encima. Una de las más afectadas por este ensanchamiento es España. En la pequeña Europa, España estaba, si no en el centro, próximo a él. Y uno de los sueños de Felipe González era extender el eje Bonn-París a Madrid. En la nueva Europa estamos en una esquina, el centro de gravedad se ha corrido hacia el Este, los alemanes miran hacia allí para hacer política e inversiones. Lo tienen mucho más cerca. Pero nos seguirán diciendo que nada ha cambiado, que todo sigue igual. Cuando ha cambiado casi todo. Lo único que no ha cambiado es que nuestros políticos siguen mintiéndonos. No sé si lo hacen por ser ya incapaces de decir una verdad o porque han terminado creyéndose sus propias mentiras. Tampoco importa tanto: hemos terminado oyéndoles como quien oye llover. Mejor dicho, la lluvia nos importa bastante más.

(29 de octubre de 1993.)

Noviembre de 1993

Europa y sus naciones

También es mala suerte que la entrada en vigor del Tratado de la Unión Europea venga a coincidir con la víspera del Día de los Difuntos. En vez de un nacimiento, parece que celebramos un funeral. Y algo de eso hay. Ni en una sola de las capitales europeas reina la euforia. Debe ser la certidumbre de que unir Europa en realidad va a resultar bastante más difícil que unirla sobre el papel. El error fue no darse cuenta de una contradicción básica: Europa no puede construirse contra los intereses de las naciones que la componen. Pero, al mismo tiempo, para construir Europa se necesita que las naciones que la integran sacrifiquen sus intereses nacionales. Es por lo que, aunque todos están de acuerdo teóricamente en una Europa unida, cuando llega la hora de unirse, se echan atrás. Salvar esa contradicción va a llevar mucho más tiempo que el supuesto en Maastricht. A no ser que todos sean tan tontos como nosotros, que no lo son. Nosotros pagamos sin rechistar el precio que se nos exigió. Y nos ocurre un poco lo que a aquel que paga una cifra desorbitada para ingresar en un club de lujo, para darse cuenta luego de que ni el club es tan de lujo ni le trae tantas ventajas. Por estar en Europa, hemos desmantelado nuestra industria, diezmado nuestra ganadería, desarmado nuestra agricultura, vendido lo poco que teníamos. Todo para que al final resulte que Europa no es lo que habíamos creído. Solía decirse que nuestros dirigentes sólo aciertan cuando se equivocan. Bueno, pues ni cuando se equivocan.

(1 de noviembre de 1992.)

Severo Ochoa

Era un maestro en el viejo sentido de la palabra. Severo Ochoa nos enseñó las claves de la vida. Pero nos enseñó también la vida misma. Cómo vivirla noble, profunda, provechosa, alegremente. Cuantos le conocimos fuimos discípulos de él, e incluso muchos que no le conocieron. Bastaba fijarse en cómo afrontaba los sinsabores y satisfacciones de la existencia. En cómo sabía unir el rigor y la tolerancia, el amor a la patria chica con el universalismo, el apego a las raíces y la devoción a las verdades sin fronteras. Al despedirle, recuerdo especialmente dos anécdotas. Recién llegado a Estados Unidos, allá por los años sesenta, quise, como todos los corresponsales, hacerle una entrevista. Acogió mi demanda con simpatía, pero me dijo: «Yo ya estoy muy visto. ¿Por qué no entrevista usted a alguno de los jóvenes científicos españoles que tenemos por aquí?» Y me dio una lista de ellos. Pero la mayor lección me la dio en un *party* en casa de un cónsul o embajador. Acababan de darle el Nobel de Literatura a Aleixandre, y me acerqué a don Severo, para comentar algo así como: «¿Por qué tenemos tantos y tan buenos poetas y tan pocos científicos? ¿Es que la mente española está incapacitada para la ciencia?» Don Severo me miró realmente severo y me dijo: «La mente española está tan capacitada para la investigación como cualquier otra. Escribir un soneto requiere tanto rigor mental como descubrir una nueva enzima. Lo que ocurre es que para escribir un soneto se necesita sólo un papel y un lápiz, y para descubrir una enzima se necesita un laboratorio de cincuenta millones de dólares.» Ese era don Severo Ochoa. Le vamos a echar de menos.

(2 de noviembre de 1992.)

Reparto del trabajo

Los españoles, ¿debemos trabajar menos o trabajar más para resolver la crisis? Se han formado dos escuelas. Una que dice: quienes tienen empleo deben trabajar menos para que el trabajo existente pueda repartirse entre los que no lo tienen. Algo así como una socialización del trabajo, por lo que no debe extrañar que esta tesis tiente a los socialistas. Mientras otros dicen: lo que tenemos que hacer es trabajar más, crear más riqueza, que a su vez generará más puestos de trabajo. Tesis favorita de los conservadores. ¿A qué carta quedarse? A ninguna. Ninguna resiste la prueba de la realidad. Si los socialistas quieren repartir el trabajo, fracasarán tan estrepitosamente como cuando intentaron repartir el dinero. Repartiendo el dinero, sólo han conseguido crear más ricos y más pobres. Repartiendo el trabajo, sólo crearán más parados. Mientras los conservadores, antes de ponernos a trabajar más, tendrán que decirnos dónde, pues no se ve por ninguna parte. Ambos olvidan la clave del problema: lo que importa hoy no son las horas que se trabaja, sino la calidad del trabajo. En España suele trabajarse mucho, pero mal. Y mientras trabajemos mal, no saldremos de la crisis. En la solución de este problema debemos colaborar todos: trabajadores, empresarios y Gobierno. Sabiendo que mejorar la calidad de nuestro trabajo no será corto ni fácil. Por eso preferimos las fórmulas rápidas, milagrosas si es posible. Esa de reducir la jornada laboral, por ejemplo. Un bálsamo de Fierabrás para las crisis. Y además, muy español. Trabajar menos. Por este camino, pronto llegaremos a lo de San Isidro, que ponía a los ángeles a arar por él.

(3 de noviembre de 1992.)

PP y PSOE

¿Es bueno o malo que PSOE y PP hablen? En principio es bueno. Hablando se entiende la gente, y aquí hay muchas cosas sobre las que necesitamos entendernos, empezando por la crisis. Lo malo es si nos encontramos sólo ante una de esas maniobras que encantan a González para burlar a sus rivales. Si lo único que busca son los votos del PP para sacar nuevo defensor del pueblo y nuevo Consejo General del Poder Judicial, como buscó los de Convergencia para sacar los presupuestos. Aparte de que hay otra cosa: el papel de la oposición es oponerse, y el del Gobierno, gobernar. La gran coalición sólo se entiende en momentos de auténtica emergencia, y ambos coinciden en que todavía no ha llegado. De ahí que el que se mezclen los papeles del Gobierno y la oposición sólo pueda traer confusión. Son muchos los españoles que no entienden que socialistas y populares se tiraran ayer los trastos a la cabeza y hoy estén haciendo manitas. Por qué lo hace González es fácil de entender: porque necesita ser molestado lo menos posible. Por qué lo hace Aznar ya es más difícil. Posiblemente quiera dar la impresión de respetabilidad. E incluso es posible que los poderes fácticos de la nación le hayan dicho: tienes que arrimar el hombro, tienes que demostrar que eres un político responsable. Sólo así llegarás a gobernar. A gobernar o a autodestruirse. Porque si Felipe González consigue transmitir la impresión de que está jugando con él, Aznar se quedará como las muchachas de antes que habían perdido el honor: compuesto y sin novio.

(4 de noviembre de 1992.)

El romance de moda

El romance de moda ya no envuelve a ninguno de los personajes de la *jet.* Es el del PSOE y el PP. En este país, todo termina en las revistas del corazón. Hasta la alta política. ¿Por qué sucumbió Aznar ante González? Todo el mundo da por seguro que por las artes de seducción del Don Juan de la Moncloa. A Felipe empieza a ocurrirle lo que a aquel tenorio de pueblo, que en cuanto una chica se le acercaba, la daban por perdida. Y sin embargo, esta vez no soy de la misma opinión. Sin poner en duda las artes político-amatorias de nuestro presidente, pienso que a José María Aznar le han seducido otras voces. Voces que los vulgares mortales oímos pocas veces, pero que tienen la fuerza de la del Dios del Sinaí: la de la banca, la de las finanzas, la de los círculos de empresarios. Me las imagino diciéndole: «José María, ya sabemos lo que te pide el cuerpo. Hacer lo que González hizo con Suárez y Calvo Sotelo. No darles cuartel, arremeter contra ellos conociendo su debilidad. Pero eran otras circunstancias. El país estaba más entero y la economía mundial en plena expansión. Hoy es distinto. La situación es todavía peor de lo que se ve. Estamos al borde del abismo. No puedes pensar sólo en ti. Puedes hundir a Felipe, pero puedes hundir el país. Si ahora demuestras tu responsabilidad, la próxima vez te apoyaremos.» Esto es lo que, imagino, habrá escuchado Aznar. Escuchado, y seguido. Si acertó o no, sólo el tiempo nos lo dirá.

(5 de noviembre de 1992.)

España y el Oriente Próximo

¿Pero qué intenta Felipe González con eso de que «España debe retomar el protagonismo en el Oriente Próximo»? España nunca ha tenido protagonismo en el Oriente Próximo. Ni siquiera fuimos a las Cruzadas. En cuanto a la Conferencia de Madrid, pusimos el escenario, nada más. Pero es que, aunque tuviésemos allí protagonismo, lo que tiene que arreglar Felipe González son nuestros problemas, no los de los árabes y judíos. El paro, la deuda, el Estado de las autonomías. Y si de paso pusiera un poco de orden en su partido, miel sobre hojuelas. Dejando el Oriente Próximo a sus actores y a las grandes potencias. España no es una gran potencia, por fortuna iba a decir. Somos una potencia media, y a mucha honra. El Oriente Próximo queda servido con la visita de los Reyes, que quedan bien en todas partes, y con las oportunidades que allí puedan encontrar nuestros empresarios, si alguna. Intentar más son ganas de darse el morrazo. Aquello es un avispero. ¿Qué intenta nuestra diplomacia? ¿Repetir el intento de jugar en la primera división europea, que tan caro nos ha costado? ¿Cuánto va a costarnos «retomar el protagonismo en el Oriente Próximo»? ¿O lo único que se pretende es que olvidemos nuestros problemas? Por mucho Jerusalén, Gaza, Jericó, el Muro de las Lamentaciones y la entera Biblia que nos echen, no los vamos a olvidar. Y si los olvidamos, ya se encargarán ellos de reclamar nuestra atención.

(8 de noviembre de 1993.)

Sindicalismo español

Algun listo ha descubierto la fórmula para acabar con el paro: pararse. Es la cuadratura del círculo de la crisis. En vista de que SEAT planea cerrar una de sus plantas, su personal ha ido a la huelga. Francamente, no sé qué piensan alcanzar esos trabajadores. Pero sí sé qué no van a alcanzar: que su empresa vaya mejor. Y como su empresa no vaya mejor, difícilmente se animará a mantener abiertas todas sus factorías. La huelga, que durante siglo y medio ha sido un formidable instrumento de presión de los trabajadores frente a los patronos en una economía de alcance nacional, puede convertirse en arma formidable de las multinacionales contra los trabajadores en una economía global. Bastaría que los trabajadores de Zona Franca se declararan en huelga indefinida, para que Volkswagen tuviera resuelto este problema. Y si se declarase toda su plantilla en España, igual. Seguiría fabricando coches en otros países. A lo mejor, es lo que está esperando. Los trabajadores españoles, como es lógico y humano, protestan. Pero cuando llegaron aquí las inversiones italianas, francesas, norteamericanas, alemanas, eliminando puestos de trabajo en sus respectivos países, no protestaron. Al revés, las saludaron. O simplemente, cuando compran un vídeo japonés o una radio coreana, no tienen en cuenta que están poniendo en peligro puestos de trabajo en casa. Es lo normal. Nadie compra por patriotismo. Se compra por precio y calidad. La ley del mercado y la economía global, que empezó a regir a raíz del derrumbe del muro berlinés, son las dos asignaturas pendientes del sindicalismo español. Un sindicalismo que aplicando las soluciones del siglo XIX, quiere solucionar los problemas de finales del XX. Lo único que consigue, como vemos, es agravarlos.

(9 de noviembre de 1993.)

Impulso democrático

Impulso democrático es el último conejo que Felipe González se ha sacado de la chistera. Con él ha encandilado a Aznar, como encandiló a Pujol con lo del 15 por 100. ¿Quién puede negarse a democratizar nuestra estancada vida política? Aunque ya de entrada hay algo sospechoso. ¿Por qué ha tardado Felipe González diez años en darse cuenta de que necesitamos democratizarnos? Personalmente, no creeré nada de tal impulso hasta que vea a nuestros dos máximos líderes hacer dos cosas: acabar con las listas electorales cerradas y acabar con la elección de los más altos magistrados de la nación a través del Parlamento. Los congresistas tienen que ser responsables ante sus electores, no ante sus partidos. Y subordinar la justicia a los partidos es lo que está pervirtiendo nuestra vida política. Posiblemente eso sea lo que la impide regenerarse. Italia, con mucha más corrupción, al menos a la vista, es mucho más democrática. Allí, los políticos corruptos van a la cárcel. Aquí, se van a sus mansiones. Mientras no se den esas dos condiciones, creeré, sencillamente, que González ha ofrecido a Aznar una parcela presente o futura de poder, y éste la ha aceptado. Eso ni es impulso ni es democrático. Es aquello de ellos se lo guisan y ellos se lo comen.

(10 de noviembre de 1993.)

Zona Franca

Ahora sabemos que Volkswagen tenía la intención de cerrar la factoría de Zona Franca desde que se hizo cargo de SEAT. Lo nuevo es que lo sabía también el Gobierno y no nos dijo nada. Lo reconocía ayer el propio ministro de Industria, al admitir en el Congreso que este era el plan favorito de la empresa alemana: construir una fábrica totalmente nueva en Martorell y cerrar la vieja de Zona Franca. Sólo que la demanda inusitada de coches los últimos años obligó a mantener abierta la vieja factoría. Pero en cuanto ha cedido la demanda, se vuelve a los planes iniciales. Todo eso lo sabía el Gobierno. Pero no nos dijo nada. Ni siquiera advirtió a los trabajadores de Zona Franca, para que se fueran preparando. ¿Cuántas cosas más por el estilo nos prepara? ¿Cuántos cadáveres más guarda en el armario? ¿Cuántas sorpresas desagradables nos esperan todavía? Al paso que vamos, aquel «Felipe, colócanos a todos», de comienzos de su mandato, se va a cumplir. Nos va a colocar a todos en el Inem, en el paro. El único problema será quién pagará entonces nuestro seguro de desempleo.

(11 de noviembre de 1993.)

Ayuntamientos

Todos estamos de acuerdo en que la situación de los ayuntamientos es desesperada. Estamos bastante de acuerdo en que tal situación se debe a que los ayuntamientos prestan servicios que corresponden a las autonomías o al propio Estado. Pero nadie dice que los ayuntamientos, grandes y pequeños, socialistas, populares o nacionalistas, se han metido en gastos muy por encima de sus necesidades. Nadie habla de los festejos fabulosos, de la contratación de figuras con *cachés* millonarios, de las publicaciones de lujo, de los viajes *vips,* de las comidas de catorce tenedores. Nadie menciona los periódicos, revistas, estaciones de radio y televisión a mayor gloria del señor alcalde. Me llegan noticias, por ejemplo, de que el pueblo sevillano de Benacazón, de 4.500 habitantes, tiene su propia televisión. Es imposible saber cuánto ha costado, pero como lo han hecho a lo grande, suponemos que bastante. La programación consiste en dibujos animados, películas pirateadas y noticias que barren para el consistorio, sobre todo cuando se acercan las elecciones. No digo qué partido manda allí, porque esa no es la cuestión. En esto y tantas otras cosas, todos son iguales. Seguro que en Benacazón hay paro, seguro que su Ayuntamiento tiene déficit. Seguro que pide ayuda. Pero, señores alcaldes de grandes y pequeños municipios, antes de pedirnos más dinero, antes de sacar más impuestos a sus convecinos, ¿no podrían ustedes ahorrar un poco en fiestas, viajes, comilonas, invitaciones y botafumeiros?

(12 de noviembre de 1993.)

El partido (de fútbol)

El paro aumenta, la inflación aprieta, las quiebras se multiplican. Pero la mayor preocupación de los españoles es si ganamos a Dinamarca y estamos en el Mundial de Estados Unidos. Del mismo modo que ese atribulado padre de familia está dispuesto a dar un riñón por un empleo, temo que alguien esté dispuesto a darlo por una entrada para el partido de mañana. ¿Es ese el famoso cambio del cambio? En tal caso, sería volver adonde estábamos: al fútbol como gran preocupación nacional. Vistas así las cosas, lo que tendría que hacer Felipe González para que olvidásemos nuestros problemas sería montar cada semana un partido de campanillas. Da la impresión de que bastantes de nosotros preferimos estar en la primera división del fútbol mundial que en la primera liga de los países desarrollados. Ya sé que exagero. Que hago injusticia a los millones de parados que no podrán dormir esta noche pensando en ese empleo que no llega. Pero no es menos cierto que los españoles nos dividimos más y más en dos grandes grupos: los que tenemos empleo y los que no lo tienen. Los unos en vilo por el partido de mañana, los otros en vilo por el pan de mañana. Esta es la versión 1993 de las dos Españas. La España que no iba a conocer ni la madre que la parió. La madre, no sé, pero al padre lo conocemos de sobra: Felipe González.

(16 de noviembre de 1993.)

El último reducto nacional

Un amigo me habla indignado del entusiasmo popular ante la victoria sobre Dinamarca. «Es retrógrado, es primitivo, es tercermundista», me dice. «Este pueblo —le advierto— tiene, como todos, su corazoncito, su orgullo. Y últimamente tiene muy poco de qué enorgullecerse. ¿Qué quieres? ¿Que se enorgullezca de tener el mayor índice de paro de la Comunidad Europea? ¿De que aquí todo el mundo trinca lo que puede? Así que se enorgullece de lo que hay, de la victoria sobre Dinamarca, de la clasificación para el mundial. Ojalá ganásemos el Nobel de Medicina o nos clasificáramos para la primera liga económica mundial. Pero como eso está fuera de nuestro alcance, tenemos que contentarnos con que once muchachotes ibéricos, diez en este caso, derrotaran a esos daneses que tantos ascos le han hecho a Maastricht.» Mi amigo sigue sin convencer. «Pero eso es volver a los años cincuenta —clama—. Al gol de Zarra contra Inglaterra, cuando el fútbol era en lo único que vencíamos.» No tengo más remedio que echar mano de argumentos mayores. «Míralo desde este ángulo —le digo—. En esta España de las autonomías que hemos creado, lo único que queda ya de español es la selección nacional de fútbol. ¿En qué otro lugar ves apellidos vascos, gallegos, catalanes, valencianos, castellanos, andaluces, entremezclados, y además, esforzándose en un objetivo común? ¿En qué otro momento reciente han visto al país tan unido, tan angustiado por la expulsión de Zubizarreta o tan entusiasmado ante las avanzadas de Hierro?» La respuesta de mi amigo me dejó sin respiración: «O sea, que tú propones sustituir a Felipe González por Javier Clemente.» Bien mirado, ¿por qué no?

(17 de noviembre de 1993.)

Ley Corcuera

Anteayer fue un día glorioso, por lo de Dinamarca. Ayer fue más glorioso todavía, por lo de la Ley Corcuera. Y lo verdaderamente importante no es que se declarara inconstitucional la entrada en un domicilio sin autorización de un juez, con serlo mucho. Lo verdaderamente importante es que el más alto tribunal de la nación demostrase su independencia del Gobierno. De todos los desafueros cometidos durante la pasada década, el mayor ha sido el intento sistemático del ejecutivo de secuestrar las más altas instancias judiciales. Lo que le permitiría hacer lo que le diese la gana, aun a costa de que España dejase de ser una democracia. Que ha estado a punto de conseguirlo lo demuestra aquella sentencia sobre Rumasa, que hizo sonrojar a algunos que la emitieron, y el nombramiento de un fiscal general del Estado que no cumplía las exigencias requeridas para el cargo. Ayer, ese mismo tribunal volvió a sus fueros, demostrándonos que más importante que la estabilidad del Gobierno es la estabilidad de la Constitución. En cuanto a la ley en sí, ya sé que millones de españoles están a favor de dar poderes especiales a la policía. Gentes trabajadoras, honradas, que dicen: «A mí no me van a derribar la puerta de una patada.

Quienes tienen que preocuparse son los narcotraficantes.» A esas gentes de buena fe hay que decirles que todos los secuestradores de libertades empiezan persiguiendo delincuentes y acaban persiguiendo disidentes. A mí tampoco me mete miedo la policía. Me meten miedo los políticos que mandan en la policía. Y si diéramos poderes a la policía para entrar a patadas en las casas, pronto estaría entrando en las de los críticos. Nadie ha resistido hasta ahora esa tentación. Por fortuna, el Tribunal Constitucional lo ha vetado. Otra prueba de que el Gobierno González pierde gas, fuerza, altura, como un globo que se desinfla.

(18 de noviembre de 1993.)

Huelga

Ir a la huelga para protestar contra el paro es como dar lejía a un enfermo del estómago. De momento, los sindicatos españoles se contentan con manifestaciones. Pero amenazan con la huelga general. Y son capaces de ir a ella, ¡vaya si son! Cosas más disparatadas han hecho. La verdad es que después de Solchaga y compañía, la mayor máquina de destruir empleo en nuestro país son los sindicatos. ¿Cómo? Exigiendo subidas salariales por encima de la capacidad de las empresas, lo que obliga a éstas a reducir plantillas. Eso no libra al Gobierno de sus culpas. El Gobierno es el principal culpable del foso en que nos encontramos. El Gobierno, llevando una política de altos intereses, impuestos abusivos, peseta sobreevaluada y déficit creciente. El Gobierno, cediendo ante los sindicatos más allá de lo que nuestra economía podía permitirse. El Gobierno, subvencionando bolsas de paro y viajes de vacaciones al voto cautivo. El

Gobierno, consintiendo todo tipo de fraudes en sus aledaños. El Gobierno, en fin, usando la economía española como arca sin fondo para conservar el poder. Pero hasta en las arcas sin fondo se toca alguna vez el fondo, como reconoce el propio Gobierno, que ahora intenta cortar algunas de esas hemorragias. Quiere, por ejemplo, que los sindicatos renuncien a parte de las ventajas que han logrado. Eso es pedir imposibles. ¿Cómo van los sindicatos a aceptar el recorte de pensiones o que se facilite el despido? Eso tiene que hacerlo el Gobierno. Hasta ahora, no se ha atrevido. Quiere que le saquen las castañas del fuego los que llama «agentes sociales». Olvidando que el primer agente social es él. Y así estamos los españolitos, entre un gobierno de ineptos y unos sindicatos trasnochados. Entre unos y otros, van a helarnos la cartera.

(19 de noviembre de 1993.)

Corcuera

Hay dos tipos de ministro del Interior: el sanguíneo, bullicioso, pasional y vociferante, siempre dispuesto a liarse a mamporros con el que sea. Y el frío, cerebral, imperturbable, siempre en segunda fila, dejando que los otros se lleven los focos y titulares. Los primeros suelen llevarse las devociones, pues la gente los ve como un enorme guardia de la porra. Los segundos, en cambio, despiertan recelo, cuando no temor. Pero a la hora de la verdad, los segundos suelen ser mucho más efectivos que los primeros. El mejor ministro del Interior que haya existido nunca fue Fouché, que sirvió a tres regímenes franceses distintos con igual eficacia. A fin de cuentas, un ministro del Interior, como su título indica, debe ser más introvertido que extrovertido. Nosotros acabamos de tener uno que podría ser ejemplo del primer tipo. No puede negársele carisma y dedicación. Pero José Luis Corcuera ha hecho más titulares que detenciones. Todas sus algaradas no han impedido que las calles españolas sean cada vez más peligrosas, que la droga siga entrando y que los etarras sigan matando. Nos ha dado mucho juego a los periodistas, pero los delincuentes deben estar muriéndose de risa. Y no se me venga con que no le hemos dejado. Se le ha dejado todo lo que la democracia permite y algo más. Pero bien poco supo que hacer con ello. Ha tenido, sí, el raro gesto de dimitir, que dignifica por sí solo una gestión. Pero hechos cantan. Vamos a ver si su sucesor identifica los verdaderos enemigos de la sociedad y comprende que con voces, insultos y empellones no se garantiza la seguridad ciudadana.

(22 de noviembre de 1993.)

Kennedy

De no haber sido asesinado, Kennedy tendría hoy setenta y seis años. Sería lo que los norteamericanos llaman un «anciano estadista» y compartiría con Nixon, Ford, Carter, Reagan los distantes honores de los ex presidentes. Jugaría al golf, escribiría sus memorias, recibiría doctorados. Puede que Jacqueline se hubiese divorciado de él, tras haberse hartado de sus escapadas, o puede que los años le hubieran sosegado. En cualquier caso, sería bastante menos admirado de lo que es hoy. La muerte le mitificó, sus programas sociales se aprobaron, su ida a la Luna se cumplió, su idea de un mundo más jovial, justo y humano prendió. A estas alturas, es ya imposible separar el Kennedy de la leyenda del Kennedy de la realidad, lo que realmente era de lo que la imaginación popular ha añadido a su figura. Hay barracas sudamericanas donde se le adora como un santo y círculos intelectuales empeñados en convertirle en héroe y mártir de la causa progresista. De nada sirve que tropezase en Cuba, que se metiera en Vietnam, que lanzara el mayor programa de rearme desde la segunda gran guerra, que cuando le mataron estuviera políticamente en un callejón sin salida. Las balas que acabaron con su vida despertaron la imaginación del mundo. Ha quedado en nuestras mentes como el hombre de la Nueva Frontera, del Cuerpo de la Paz, de los primeros acuerdos soviético-americanos. Lo menos que pensaba Oswald cuando apretaba el gatillo de su rifle era que estaba matando un hombre y creando un mito. El asesinato de Kennedy fue el mejor trampolín para su política. Al unir la suerte de un fracasado anónimo con la de un brillante presidente norteamericano, la Historia volvió a mostrarnos los extraños caminos que elige para avanzar.

(23 de noviembre de 1993.)

Luis Roldán

Si lo que dice *Diario 16* sobre las finanzas privadas del director general de la Guardia Civil es cierto, estamos ante un escándalo que sobrepasa los límites de una institución, de un partido, de un gobierno incluso, para afectar al propio Estado. Que el director de una de las fuerzas de orden público más prestigiosas se haya hecho rico mientras ocupaba el cargo requiere inmediata aclaración, antes de que la sombra de la duda alcance las más altas instituciones. Porque, una de dos, o don Luis Roldán se dedicó durante los últimos años a incrementar su patrimonio, abandonando las obligaciones de su cargo, o se lo incrementaron, lo que sería infinitamente peor. Pero, desde luego, cuatrocientos millones de pesetas no se ganan vendiendo enciclopedias en horas extras. Ha habido un comunicado del señor Roldán acusando a muchos, pero en ningún momento niega ese enriquecimiento súbito. Y si la mujer del César necesita no sólo ser honrada, sino también parecerlo, qué voy a decirles del director general de la Guardia Civil. Es por lo que el señor Roldán debe una explicación al cuerpo que manda, a su partido, al Gobierno que le nombró y, en último término, a todos los españoles. Porque en otro caso, creeremos que aquel dicho de Solchaga, «España es el país donde más rápidamente puede uno hacerse rico», sigue en pie, pese a la tremenda crisis que atravesamos. Aunque con un añadido: supuesto que esté relacionado con el Gobierno.

(24 de noviembre de 1993.)

Bajarse el sueldo

¿Cómo van los políticos a pedir sacrificios a los trabajadores, cuando ellos han rechazado bajarse el sueldo un 10 por 100? ¿Cómo se atreve el Gobierno a poner tope a las pensiones, cuando sus altos cargos se benefician a tope con ellas? ¿Cómo tienen la cara dura de pretender que no se cobre la indemnización por despido junto al seguro de desempleo, cuando los ministros cesantes cobran su indemnización aunque pasen a ocupar otro cargo? ¿Se creen tan listos o que la gente es tan tonta? Este es el verdadero problema del reajuste necesario: que los españoles nos resistimos a apretarnos el cinturón con una clase política que ha caído sobre los presupuestos del Estado como una plaga de langosta sobre un campo de trigo. Aquí todo el mundo habla de sacrificios, pero piensa que quien debe de sacrificarse es el otro. Empezando por el Gobierno, que nos da un ejemplo, pero negativo: en vez de ser el primero en ajustarse a la crisis, chupa como si temiera que la bicoca se acabara pronto. Más que ese fortunón que parece haber amasado el director general de la Guardia Civil, me escandaliza que su superior inmediato, el ex ministro Corcuera, haya dicho que no es para tanto, que muchos españoles tienen eso. Serán españoles que conoce él, pues yo no conozco a muchos que tengan 400 millones de pesetas, y ni siquiera 200. La oposición tiene parte de la culpa. La oposición tendría que estar denunciando esta situación día y noche con las palabras más duras. Porque sin cortar tales abusos, sin una regeneración moral a fondo, aquí nadie va a arrimar el hombro. Y hace bien. ¿Para qué? ¿Para que los conocidos del señor Corcuera se hagan todavía más ricos?

(25 de noviembre de 1993.)

Recortes

La reforma del Estatuto del Trabajador, que aprobará mañana el Consejo de Ministros, debería llamarse en realidad reducción del Estatuto del Trabajador, pues toda ella está llena de recortes: de contrato, de sueldo, de horario, de categoría, de vacaciones incluso. ¿Cómo iban a aceptarlo los sindicatos? Los sindicatos están para defender los derechos adquiridos de los trabajadores, no para reducirlos. Y por más argumentos que les presente el Gobierno, lo menos que pueden contestar es aquello de: «Santa Rita Rita, lo que se da no se quita.» Pero se lo van a quitar. La reforma indica un cambio de prioridades por parte de los responsables de nuestra economía. Durante todos estos años, se mimó al trabajador. En adelante, va a cuidarse la empresa. Pues hasta ahora, sólo quería ordeñársela. El Gobierno, con impuestos; los sindicatos, con salarios cada vez más altos. Sin importarles a ambos si las empresas iban bien o mal, si podían o no resistir esas cargas. Hasta que ha llegado la crisis y se han dado cuenta de que estaban matando la gallina de los huevos de oro. Cayendo en algo tan sencillo de que sin empresas no hay trabajo, y sin trabajo, no hay salarios. Ante lo que, por lo menos el Gobierno, ha empezado a cuidar a las empresas. Me refiero, naturalmente, a las empresas de verdad, las privadas. Porque las públicas, más que empresas parecen balnearios mantenidos por todos.

(29 de noviembre de 1993.)

Diciembre de 1993

El santuario de ETA

Desde Vietnam, se sabe que el éxito de una guerrilla depende de disponer de un santuario. Disponiendo de un lugar donde entrenarse, descansar, curarse o refugiarse, los guerrilleros pueden hacer frente por tiempo indefinido al ejército más potente. Y con ello tienen ganada la guerra. Porque al guerrillero le basta no perder la guerra para ganarla. Mientras que un ejército, si no la gana, la pierde. Estas consideraciones estratégicas, que no son otras que las de Mao Tse-tung, valen también para la lucha terrorista. Y nos explican la supervivencia de ETA. Sólo que nos hemos equivocado en el punto fundamental: el santuario de ETA no es Francia. Es Herri Batasuna, es KAS, es *Egin*. Mientras los terroristas dispongan de ese periódico que los justifique, de ese partido que les ampare, de una coordinadora que agrupe a sus simpatizantes, dispondrá de casas, o sacristías, donde refugiarse, de justificación de sus fechorías, de gentes que les animen. Quiero decir que seguirán teniendo licencia para matar y manos libres para ello. Ahora, parece que se han extralimitado un poco y han matado a un sargento mayor de la Ertzantza. Pero se han apresurado a decir que era un mal sargento, alguien que había adquirido los malos usos de los españoles, por lo que merecía morir. Por eso, a la pregunta ¿cuánto va a durar ETA?, la respuesta es: mientras Herri Batasuna obtenga los votos que obtiene. Con tal santuario, es muy difícil que desaparezca la banda, por muy asesina que sea y por mucho que se la persiga.

(1 de diciembre de 1993.)

Una tontería de 20.000 millones

Posiblemente ustedes se preguntarán dónde han ido a parar todos esos miles de millones que se han volatilizado de nuestras arcas. De ser un país prácticamente sin deuda exterior, hemos pasado a estar empeñados hasta las cejas. Pese a haber aumentado la presión fiscal bestialmente. Yo no sé, ni creo que sepa nadie, dónde ha ido todo ese dinero. Pero estoy en condiciones de decirles dónde se fue una parte infinitesimal del mismo, veinte mil millones. Corría 1991 y todo era euforia en nuestras Españas. Preparábamos las olimpiadas, la Expo, el cierre de la unión europea. La Renfe encarga trenes de alta velocidad como si fueran de juguete. Luego se da cuenta de que han calculado mal y le sobran ocho de ellos. Trata de anular el pedido, pero la multinacional francesa Alstrom dice que de ninguna manera, que lo firmado firmado está. A lo más que está dispuesta es a suministrar otros trenes, al mismo precio, eso sí, aunque no sean tan última moda. No hay más remedio que aceptarlos. Dos de ellos, de ancho de vía internacional, irán al corredor Madrid-Sevilla. Los seis restantes, ya de ancho de vía español, iran al corredor de Levante. Donde podrían servir perfectamente trenes de fabricación nacional, como el Talgo. Como único consuelo, nos dicen que el día que se construya la línea de alta velocidad Madrid-Barcelona, podrán adaptarse a ella. Si viven y vivimos para verlo. Miren ustedes cómo un olvido, un despiste, un desliz nos ha costado la friolera de 20.607 millones de pesetas. Y doña Mercé Sala tan contenta jugando a los trenes. ¡Qué juguetes tan caros tienen nuestros dirigentes!

(2 de diciembre de 1993.)

Aprendices

De toda la reforma laboral, lo más criticado son los contratos de aprendizaje. Y miren ustedes por dónde, creo que el problema de nuestra economía es precisamente la falta de aprendices. Porque si no hay aprendices, no hay profesionales. Y si no hay profesionales, no hay calidad. Y sin calidad, no se puede sobrevivir en el competitivo mundo de nuestros días. Cuando quiera conocerse el secreto del éxito alemán bajo todos los regímenes, no hay que buscarlo en la raza, ni en la moral, ni en la disciplina siquiera. La clave está en que, desde la Edad Media, Alemania tiene un sistema de formación profesional tan riguroso como efectivo. Para ejercer allí cualquier oficio, hay que haber pasado por la *Lehre,* el aprendizaje, y aprobado el examen de oficial. Y para abrir un establecimiento, hay que haber pasado la nada fácil prueba de *Meister,* de maestro del ramo. El respeto social que allí tiene un *Baumeister,* un maestro de obras, iguala casi al de un arquitecto, y otro tanto pasa en las demás profesiones. Ferdinand Porsche no era más que un maestro mecánico, lo que no le impidió construir coches magníficos. Mientras todos aquellos banqueros han pasado sus tres años de aprendizaje tras una ventanilla. Así saben qué es un banco. Aquí, en cambio, todo el mundo quiere ser titulado universitario. Y los que no pueden serlo, lo son todo, que es tanto como no ser nada. Eso de que me venga a arreglar la luz alguien que por la mañana es cartero y por la noche camarero, es muy pintoresco, pero muy poco efectivo. En España necesitamos, más que nada, aprendices. Son los únicos que pueden paliar nuestro mayor déficit, la calidad, y acabar con esa plaga nacional que es la chapuza. La falta de aprendices es lo que hace que aquí haya tan pocos maestros. Incluso el título se desprecia, cuando es el más excelso de todos.

(3 de diciembre de 1993.)

Puentes

Mucha gente se escandaliza ante esta semana de puentes y holganza. ¿Cómo vamos a salir de la crisis, se dice, si no hacemos más que buscar excusas, civiles y religiosas, para no trabajar? Hay bastante verdad en ello, pero ¿qué culpa tenemos los españoles, con un Gobierno que fomenta el paro, castiga el trabajo y sostiene, por boca de un ex ministro, que la crisis no nos viene del todo mal? Carlos Solchaga ha rematado su catastrófica faena en el Ministerio de Economía soltando esa majadería chulesca. Que una crisis puede venir bien sólo puede ocurrírsele a alguien que ha mantenido la peseta muy por encima de su valor real —dañando nuestras exportaciones—, los intereses a niveles astronómicos —premiando al capital extranjero— y los impuestos muy por encima de nuestra capacidad productiva. Y ahora, ese mismo personaje nos viene con que lo que necesitamos es un ajuste duro, para corregir excesos. ¡Si aquí los únicos que han cometido excesos son sus amigos, señor Solchaga, que han ganado millones a paletadas! ¿Cómo vamos a reaccionar los españoles ante un ex ministro de Hacienda que receta una crisis como quien receta una cura de adelgazamiento? Pues agarrando el coche, el tren, el avión o la bicicleta y largándonos lo más lejos posible, para no oír hablar de él. Que es lo que han hecho todos los que han podido. Y no seré yo quien se lo reproche, por más que haya tenido que quedarme aquí.

(6 de diciembre de 1993.)

Italia

¿Va a ocurrir en España lo que en Italia? Ya saben, el triunfo de los comunistas reciclados, con los neofascistas pisándoles los talones. ¿Va a repetirse aquí? Con todos los riesgos que lleva meterse hoy a profeta, me atrevo a decir que no, que no va a ocurrir, porque en España no ocurre casi nunca lo que ocurre en Italia. Y si ocurre, termina de forma diferente. Recuerdo que cuando la era Franco se extinguía y se hacían cábalas sobre lo que vendría luego, uno de nuestros mejores analistas, Juan Linz, predijo que nuestro mapa político terminaría pareciéndose al italiano, con la Democracia Cristiana como fuerza dominante y los comunistas como potentes segundones. Ya vieron lo que ocurrió: ni rastros de democratacristianos y unos comunistas muy por debajo de los socialistas. La realidad es que, aunque mediterráneos ambos, son países muy distintos. Sin ir más lejos, los comunistas italianos han hecho su reciclaje, mientras los españoles se aferran a los viejos dogmas. Más importante es que Italia ha sufrido su catarsis, con unos jueces limpiando los establos políticos. Eso no ha ocurrido aquí. Hay montones de políticos italianos procesados o en la cárcel. Incluso alguno se ha suicidado. Aquí, algún procesado, pero ninguno encarcelado. En cuanto a suicidio, ni siquiera una dimisión. Y no creo que se haya robado menos. Italia, en fin, es el país de Maquiavelo, mientras España es el del Cid. Allí, la política es un arte, mientras aquí es una pelea. Los italianos admiran la sutileza; nosotros, la fuerza. Es la única explicación de que aquí haya podido hacer carrera política don Eligio Hernández, cuyo mayor mérito es haber sido campeón de lucha canaria. Mientras los actuales gobernantes españoles sigan detentando la fuerza, por desprestigiados que estén, estarán seguros y no habrá miedo de que se produzca un vuelco. Por una vez, envidio a Italia.

(7 de diciembre de 1993.)

Pablo Iglesias

Hoy se cumple el 68 aniversario de la muerte de Pablo Iglesias, fundador del PSOE. Muy poca asistencia al cementerio civil de Madrid, donde está enterrado. Desde luego, ninguno de los actuales dirigentes nacionales del partido. Puede incluso que alguno se haya olvidado de la fecha, como se ha olvidado del ideario de su fundador. Y eso que no tenía nada de revolucionario o anarquista. Pero era un hombre cabal, honesto, íntegro, sincero. Pablo Iglesias estaba convencido de que España necesitaba, no una revolución, sino una evolución social y económica. Eso sí, auténtica. Y un cambio de alma tanto o más que un cambio de cuerpo. Era un marxista ortodoxo, un hombre convencido de que, al final, la justicia terminaría imponiéndose y la clase obrera obtendría los derechos que buscaba. Junto a ello, tenía otras características, ya personales, que transmitió a su partido. Era gallego, y como tal, paciente, cauteloso, trabajador, poco dado a la fanfarria, a la palabrería y a meterse en camisas de once varas. Era, además, tipógrafo, especie de elite ilustrada en el mundo obrero. Y era, sobre todo, de una honradez acrisolada. Los cien años de honradez de que presumía el PSOE al alcanzar el poder, se debían a la impronta que le dejó su fundador. ¿Qué diría Pablo Iglesias si abandonase su humilde tumba en el cementerio civil madrileño y viera en lo que ha devenido el PSOE gobernante? ¿Qué hubiese dicho ante Filesa, Times Export, Aida Álvarez, Luis Roldán, Carmen Salanueva? Conociéndole, es muy probable que se hubiera vuelto a la tumba.

(8 de diciembre de 1993.)

Extradiciones

El asunto de los dos reclamados por la justicia española puestos en libertad por la justicia belga no es un asunto hispano-belga. Es un asunto europeo. Tan europeo que como no se resuelva satisfactoriamente, cabe preguntarse qué clase de Europa estamos construyendo, si alguna. El planteamiento es muy simple: las autoridades españolas piden a las belgas la extradición de dos presuntos colaboradores con el Comando Vizcaya, autor de diversos asesinatos. Mientras las autoridades belgas admiten a trámite la demanda de ambos jóvenes como «asilados políticos», una jueza ordena su puesta en libertad, al asumir que las acusaciones españolas contra ellos fueron obtenidas bajo tortura. No sabemos qué es peor, la decisión de las autoridades o la de la jueza. Aceptar el concepto de refugiado político supone que en ese país existe persecución política. Y si hay persecución política, no hay democracia. Y si no hay democracia en España, ¿qué demonios pinta en un club de países democráticos, como la Comunidad Europea? O se equivocó la Bruselas internacional al admitirla, o se ha equivocado la Bruselas local al dar trámite a esa demanda. Lo que hay al fondo de todo ello es la incapacidad de nuestro Gobierno de defender nuestros intereses en esa Comunidad, pese a sus alardes europeístas. No ha defendido nuestros productos agrícolas, ni nuestros productos industriales, ni nuestro ordenamiento jurídico. Por no defender, ni ha sido capaz de defender el buen nombre de nuestra democracia, machacado por la jueza belga. Tortura en España. Como no sea tener que aguantar tantas mentiras...

(9 de diciembre de 1993.)

Elecciones rusas

Creíamos que la democracia iba a suceder al comunismo. Éramos demasiado optimistas. La democracia exige un nivel de desarrollo, un grado de tolerancia, un rodaje de ciudadanía que no pueden improvisarse. Y las condiciones que se daban en Rusia no ayudaban en absoluto. Con un imperio cuarteado, una moral por los suelos, una miseria rampante, una especulación feroz y apenas esperanzas de mejora en el futuro inmediato, casi podemos darnos por contentos de que aquel pueblo no haya dado una patada a Yeltsin, para echarse en brazos de alguien que le prometía seguridad en la calle, orden en el gobierno, trabajo regular y retorno del viejo orgullo. A fin de cuentas, fue lo que hicieron los alemanes, mucho más desarrollados, con Hitler en 1933. Por otra parte, la democracia, hay que reconocerlo, es bastante aburrida, no excita, no entusiasma, sobre todo a los que no la conocen. Aparte de que los pueblos necesitan creer en algo. Perdida la fe religiosa, acabado el espejismo comunista, sin saber todavía lo que es la democracia, lo único que les queda a los rusos es el nacionalismo más elemental, la vuelta a los orígenes, el retorno a la tribu. Son malas noticias para ellos y para todos.

Porque el nacionalismo puede ser el ayer, incluso un hermoso ayer. Pero nunca el futuro, que pertenece al supranacionalismo, al internacionalismo. Pero la Historia tiene una forma muy especial de avanzar. A veces da un paso atrás antes de dar dos adelante. Este retorno a los nacionalismos, no sólo en Rusia, puede ser ese paso atrás. Nuestro único consuelo, como el de Galileo, es que, pese a todo, se mueve, quiero decir que avanzamos. Aunque a veces parezca que retrocedemos.

(13 de diciembre de 1993.)

El GATT

El acuerdo del GATT, ¿favorece o perjudica a España? En algunos aspectos, la favorece. En otros, la perjudica. Pero, en general, tendría que beneficiarnos, aunque sólo fuera porque la liberalización del comercio estimula las economías. Todo va a depender de cómo nuestros representantes hayan defendido nuestros intereses. Porque si los defendieron como al negociar nuestro ingreso en la Comunidad Europea, Dios nos coja confesados. El día que se conozca con detalle esa negociación, se nos van a poner los pelos de punta. Voy a ponerles un ejemplo, el mayor. La Europa hambrienta tras la segunda guerra mundial se puso a producir masivamente cereales, carne, leche, de forma que pronto pudo no sólo alimentar a sus habitantes, sino incluso tener excedentes. Al unirse para formar una Comunidad, una de las primeras cosas que hubo que hacer fue limitar la producción agrícola. Pero ese no era el caso de España. España no participó en el *boom* agrícola. España ha seguido siendo deficitaria en ese sector. Sin embargo, cuando ingresó en la Comunidad, se la obligó a aceptar los mismos recortes que los demás. Sin ser pecadores, pagamos la penitencia. ¿Qué ocurrió entonces? Pues una cruel paradoja: que si éramos deficitarios en esos productos, al recortar nuestra producción, lo fuimos más. Precipitándose hacia aquí los productos europeos. Al mismo tiempo, en aquellos pocos donde llevábamos ventajas, como los mediterráneos, se retrasó la plena integración siete años, para dar facilidades a terceros países, como Marruecos e Israel. Para resumir: cedimos donde íbamos en desventaja, pero la Comunidad no cedió donde la ventaja era nuestra. El resultado lo estamos viendo: el campo español está peor que nunca, condenado a vivir de subsidios, mientras nuestros supermercados se llenan de productos europeos. Si se negoció el GATT así, estamos listos. Y es que, miren ustedes, puede discutirse si son más o menos pillos, menos o más honestos. Pero lo que resulta indiscutible es que son unos incapaces. A las consecuencias me remito.

(14 de diciembre de 1993.)

El caso Elosúa

Se nos debería caer la cara de vergüenza. Un juez italiano ofreciéndose a nuestro Congreso para exponer lo que sabe de la venta de Aceites Elosúa a la multinacional Ferruzzi. Y aquí, algunos tomándoselo a cachondeo. El juez, Di Pietro, ha visto claros indicios de delito. ¿Van a tener los jueces italianos que aclarar los delitos de corrupción españoles? ¿Dónde están nuestros magistrados? ¿Dónde está el fiscal general del Estado? Mirando a otra parte. Elosúa cojea desde hace meses, y aquí nadie se ha dignado echarle una ojeada. Ha tenido que ser un diputado de la oposición quien marchase a Italia a averiguar algo. Claro que a la vista de lo que ha ocurrido con los casos Guerra,

Filesa, Times Export, Luis Roldán y tantos otros, antes pasa un camello por el ojo de una aguja que un político español por la cárcel. En Italia es distinto. Nos reímos de los italianos, pero están metiendo en cintura a los corruptos, muchos de los cuales han terminado en una celda, y no de monasterio, gracias a jueces como Di Pietro. Creo que era Julio Camba quien decía que la única forma de convertir España en un país moderno era cambiar los treinta y tantos millones de españoles por otros tantos ciudadanos ingleses. No hace falta tanto. Con cambiar nuestros jueces por los italianos, bastaría.

(16 de diciembre de 1993.)

La máquina de la verdad

Lo hemos dicho más de una vez. De cuantas degradaciones sufre España, la más grave es la de la justicia. Un país puede aguantar que los políticos mientan, los especuladores roben y los periodistas metamos la pata. Pero si lo que falla es la justicia, vuelve directamente a la selva. Y en el nuestro empieza a haber síntomas inquietantes en este sentido. No me refiero a que el fiscal general del Estado parezca cada vez más el bombero del Gobierno, ni siquiera a lo que está ocurriendo, o mejor dicho no ocurriendo, en los grandes procesos de corrupción. Me refiero a lo que ocurre en los juzgados de primera instancia, que es lo que más nos toca. No hace falta ser un *fan* del programa de Julián Lago «La máquina de la verdad» para indignarse por la censura previa que un juez ha aplicado a su última edición. Ni hace falta tener conocimientos jurídicos para darse cuenta de que prohibir un programa que todavía no se había grabado es condenar simples intenciones, lo que va contra el primer precepto del Derecho positivo. Eso es más de confesor que de juez. Y si los jueces empiezan a actuar como confesores, todos acabaremos en el infierno. De todas las preocupaciones que siento por nuestro país, repito, ésta es la mayor. Los jueces son la garantía, no ya de la justicia, sino de la democracia. Si fallan, podremos realmente decir, con tristeza, que en este país no funciona nada, lo han estropeado todo.

(17 de diciembre de 1993.)

Sueldos

«Los sueldos de los políticos españoles son bastante austeros en términos relativos», ha dicho Felipe González, toreándonos otra vez. Aquí nadie ha dicho que nuestros políticos se hayan hecho ricos con sus sueldos, aunque el ex director general de la Guardia Civil sí parece que se ha hecho, y si no se hizo con su sueldo, malo. Lo que preocupa son los millones que se han hecho a la sombra de la política. Los cientos de millones repartidos y luego desaparecidos al amparo del poder. Las subvenciones a las multinacionales que luego se han largado, dejándonos deudas y parados. Los ex altos funcionarios que crearon empresas de asesoramiento fantasmas, con comisiones astronómicas. Son los que han arruinado España, y no sólo por el dinero que se han llevado, sino por la ética que han destruido. Con su enriquecimiento fácil, basado únicamente en las conexiones, han implantado una moral de la inmoralidad, una ganancia sin esfuerzo, un clima social impúdico. El presidente lo sabía, y si no lo sabía, no estaba cumpliendo con su deber. Me atrevo incluso a decir que fue el causante, con aquello de «ni Flick ni Flock», cuando era evidente que había habido Flick, Flock y Fluck. Con ellos se sentaron las bases de la corrupción posterior. Fue el pecado original de su mandato. A partir de entonces, todo valía. Y ahora nos viene con que los sueldos de sus subordinados no son tan altos. ¡Pero si eso es el chocolate del loro! Lo que tampoco impide que arramplen con cuantos sueldos puedan.

(20 de diciembre de 1993.)

Claves del crecimiento

Si se fijan en el cuadro macroeconómico presentado por la OCDE, verán que sólo dos países ofrecen datos prometedores: Gran Bretaña y Estados Unidos. Sólo ellos van a crecer por encima del 3 por 100 necesario para crear empleo. Del resto, ni siquiera Alemania y Japón se salvan. ¿Qué tienen Inglaterra y Estados Unidos que no tengan los demás? Pues tienen una política económica ajustada a la crisis de nuestro tiempo. Durante la pasada década, Washington y Londres han tenido gobiernos que han hecho lo contrario que los demás: han rebajado impuestos, han flexibilizado el empleo y han reducido el gasto público. Ha sido muy duro. Han pasado años muy penosos. Pero han hecho su reconversión al mundo de la economía global en que vivimos, y hoy empiezan a ver el final del túnel. Mientras los demás acabamos sólo de entrar en él. Franceses, alemanes, japoneses incluso han reaccionado demasiado lenta y tímidamente a los nuevos imperativos del mercado, y su recuperación va a ser también lenta. En cuanto a nosotros, ¿qué voy a decirles? De las tres condiciones antes apuntadas para revitalizar la economía, el Gobierno González sólo ha abordado una, y esa, dándole tantas vueltas que no sabemos si surtirá efecto: la reforma del mercado laboral. De las otras dos, el recorte de impuestos y de gastos, al revés, los ha aumentado. Nada de extraño que este país ofrezca ese aspecto de letargo, como convencido de que todo lo que haga ya este Gobierno no servirá de nada. Por lo que sólo queda pasarlo lo mejor posible mientras se nos muere entre las manos. Lo malo es si nos morimos nosotros también.

(21 de diciembre de 1993.)

Todos a Bruselas

Si hay alguien que defienda la candidatura de Felipe González a la presidencia de la Comunidad Europea, es este servidor de ustedes. Pero no sólo la de González. Enviaría a Bruselas, a Estrasburgo, a la ONU, a la FAO, a la OCDE, al Banco Mundial, a la Agencia del Medio Ambiente a Solchaga y a Solana, a Solbes y a García Vargas, a Bono y a Chaves, a Serra y a su piano, dándoles, además, gratis, a Eligio Hernández y a Juan Guerra. Me parece la forma más fácil de deshacerse de una clase política que ha arruinado el país y machacado su moral. Y puede que la única. Porque éstos no se van así como así. Van a agarrarse a la ubre del Estado como una lapa, entre otras cosas porque la mayoría de ellos no tienen adónde ir. Habrá que ofrecerles algo sustancial, que pueda conservarles el coche, la tarjeta oro y las dietas a que se han acostumbrado. Y no van a soltarlo más que por una buena oferta. El problema es que si por ahí fuera se enteran del estropicio que aquí han armado, no los aceptan ni regalados. Así que se me ocurre una idea. Del mismo modo que en la empresa privada, cuando quieren librarse de un inútil, le hacen unos informes maravillosos para que encuentre trabajo en otra parte, propongo a mis colegas de la prensa, radio y televisión que nos deshagamos en elogios de nuestros gobernantes. Digamos que son serios, honestos, eficaces, sensibles, inteligentes, guapos si es preciso. Describámoslos de forma que cuando lo oigan por ahí fuera, sientan el deseo irresistible de tenerlos entre ellos. Yo, por mi parte, prometo no volver a criticarles, aunque me crezca la nariz como a quien yo me sé.

(22 de diciembre de 1993.)

Navidades

Me choca una frase que he oído más de una vez estos días: «Estoy deseando que pasen estas fiestas.» Es la primera vez que lo oigo. Las Navidades han sido siempre fiesta esperada por grandes y chicos, hombres y mujeres, pobres y ricos. Cuanto más, los solteros sentían un ramalazo de nostalgia, aunque casi todos tenían una familia a la que arrimarse. Pero este año, no. Este año, casados y solteros, hombres y mujeres, ricos y pobres, parecen tener prisa en que pasen las fiestas. ¿Qué ocurre? La única explicacion es que hemos convertido las Navidades de un alivio en una carga. Las hemos hinchado tanto que amenazan con aplastarnos. El famoso pollo, besugo, turrones y cava de la Nochebuena se han convertido en avalancha de aguinaldos, regalos, felicitaciones, viajes, conferencias telefónicas, árboles de Navidad y papá noeles con trineo y todo, que se nos han indigestado. Este año se nota todavía más por la crisis. Quien no puede permitirse esos gastos anda amargado. Quien se mete en ellos se pregunta cómo va a pagarlos. El caso es que muchos preferirían que estas fiestas hubieran ya pasado. En cierto sentido, nos hemos convertido todos en solteros desconfiados, ante unos días que venían representando el triunfo del calor humano, la alegría del simple haber nacido. Es el mensaje que quisiera dejarles hoy, ante tanto pesimismo imperante. No es esta la primera crisis que atraviesa la humanidad. Ni siquiera la peor. En otras más aviesas nos hemos visto, y sin embargo, hemos salido. Menos tenía aquel que nació tal noche como la de mañana hace 1993 años, y ya ven, cambió el mundo. Así que ¡Feliz Navidad a todos!

(23 de diciembre de 1993.)

Mensaje real

No pudo estar el Rey más pesimista. Aquello, más que un mensaje navideño, parecía un mensaje de pésame. Recesión, paro, fanatismos, guerras, sangres, sudor y lágrimas mal contenidas. Sin verse por ninguna parte esos síntomas de recuperación de que habla el Gobierno. Si hemos tocado fondo, el monarca no se dio por enterado. Más bien dio a entender que seguimos en el fondo, unos más que otros, por lo que pidió solidaridad, que no parece abundar. Fue un mensaje realista, sincero y eficaz. Pero le faltó algo. Le faltó advertir que por el camino que vamos, si es que vamos por alguno, no llegaremos a ninguna parte. Ya sé que el Rey reina, pero no gobierna, que tienen que pesar sus palabras en balanza de joyero, que debe tener un trato exquisito con la labor del Gobierno. Pero sé también que en sus funciones entra el asumir la responsabilidad de Estado en los momentos críticos, la de representar a todos los españoles cuando las demás instituciones fallan. Y con un partido gubernamental dividido, con un Gobierno rehén de sus pactos furtivos, un Parlamento condenado a la inoperatividad, una justicia castrada en sus instancias superiores, unas fuerzas de orden público desmoralizadas por mandos cuyo primer objetivo es hacerse ricos, unos sindicatos manchados por inversiones fraudulentas y unos ciudadanos que empiezan a no creer en nada, la monarquía se erige como la única institución con credibilidad para devolver la confianza colectiva y llamar la atención sobre los errores cometidos. ¿Acaso el Rey no nos dio un tirón de orejas a los periodistas en el último mensaje navideño? Esta vez se ha desmarcado de la interpretación amañada de la realidad española que llega de las instancias oficiales. Pero la situación es tan grave, y sólo hacía falta oírle para constatarlo, que eso no basta. Hay que apuntar a los responsables de que nos encontremos así. Democracia, a la postre, no es más que responsabilidad. Precisamente lo que nos ha faltado en España durante la última década.

(27 de diciembre de 1993.)

Vivir en España

Estoy seguro que a muchos españoles, sobre todo a los que buscan trabajo, les habrá parecido una inocentada el anuncio de *The Economist* de que España es el tercer país del mundo donde mejor se vive. Mejor que en Suecia, en Francia, en Inglaterra o en Estados Unidos. Es verdad. Pero no toda la verdad. Demostrándonos una vez más que como mejor se miente es con estadísticas. Tras haberme pasado buena parte de mi vida en el extranjero, he llegado a la conclusión de que España es el país ideal para las vacaciones. En ningún lugar se ha dispuesto todo mejor para la holganza, desde los horarios a las comidas, pasando por el clima y ánimo de la gente. Aquí todo invita a eso que los sociólogos modernos llaman la civilización del ocio: la cháchara distendida, la vida muelle, la pérdida de tiempo. En ningún lugar hay tantos bares, fiestas, chistes, cotilleo, discotecas de madrugada y comprensión para la chapuza. Este es el paraíso de los veraneantes, de los rentistas, de los jubilados y de los que no tienen que levantarse a determinada hora o hacer algo específico. ¿Por qué creen que recibimos tantos turistas? Para vacaciones, no hay como España. Lo malo es que el año se compone de un mes de vacaciones y once de trabajo. Y para quien tenga que trabajar, utilizar los servicios públicos, depender de los demás, España puede convertirse en un infierno, como bien saben ustedes, a no ser que sean de los afortunados que no tengan que trabajar. Aunque tampoco hay que desesperarse. El día en que todo el año sea un inmenso puente y que el paro alcance el cien por cien, viviendo todos del Inem, seremos, no los terceros, sino los primeros de la lista del *Economist*. Camino de ello vamos.

(28 de diciembre de 1993.)

Mario Conde

Amigos y enemigos de Mario Conde, aunque amigos bien pocos van a quedarle, coinciden al menos en una cosa: con su dramática salida de la escena española, se cierra una etapa en la que lo desmesurado, lo sensacional, lo brillante y muchas veces lo hueco, ha prevalecido sobre lo normal, lo sólido, lo paciente y lo metódico. Han sido diez años de vértigo, que en la mayoría de los casos se ha quedado en bengala, sin dejar tras sí más que la quemadura de las chispas en la mano, cuando no algo peor. Mario Conde personificó como nadie el nuevo tipo de español triunfador, inteligente y abrasivo, frío y práctico, para quien el éxito era la medida de todas las cosas. Su trayectoria es mucho más emocionante que muchas novelas, aunque su fin tiene acentos shakespearianos. No se puede arriesgar tanto, pretender tanto, pasar por encima de tantos cadáveres impunemente. Sobre todo en la banca. Ya sabemos que el banquero tradicional, aquel que recogía los ahorros del campesino para prestárselos al tendero de la esquina, ha pasado. Pero la banca sigue asentándose en la solidez y en la confianza. Algo que compagina mal con la emoción y el riesgo. Y en los últimos años, Mario Conde parecía haberse enamorado del riesgo, en una galopada cada vez mas acelerada y alta. Ahora es muy fácil decir: «Tenía que acabar así.» Pero hasta ahora nadie lo había dicho, al menos en voz alta. Es joven, es inteligente, pero no le va a ser fácil recuperar eso que acaba de perder y era su mejor carta: la imagen de triunfador. En cualquier caso, su salida de escena debe hacernos recapacitar a todos los españoles. Las recetas del verdadero éxito siguen siendo la labor diaria, el trabajo bien hecho, la confianza e incluso el cariño de los demás. Y eso vale tanto para los individuos como para los países. Que haya pasado la era de la ingeniería financiera, los enriquecimientos súbitos y los pelotazos sin pelota es una buena noticia para España y los españoles.

(29 de diciembre de 1993.)

Mil novecientos noventa y tres

¡Qué semana, qué mes, qué año! Está uno deseando que acabe. Unos días más, y nos quedamos sin institutuciones, sin personajes, sin país y sin dinero. Aunque el dinero ya se habían encargado de sacárnoslo Solchaga y Solbes. Ha sido el año de la liquidación por derribo. Se liquidó la Expo, se liquidó Maastricht, se liquidó la mayoría absoluta, se liquidó la unidad socialista, se liquidó la cooperativa de viviendas de UGT, se liquidó la peseta fuerte y está a punto de liquidarse uno de nuestros mayores bancos. Un país que en un mes despide al director del instituto armado más prestigioso, mete en la cárcel a la directora del *Boletín Oficial,* arruina el prestigio del sindicalista más conocido y destierra al banquero más admirado, es un país, no de pandereta, sino de perro y escopeta. Si esta es la modernidad que iban a traernos los socialistas, Diego Corrientes iba a sentirse aquí como en casa. Pero no quisiera acabar el año con un comentario tan negro. Puede que todo esto haya sido necesario para desenmascarar la falacia de una labor de gobierno fundada más en el carisma personal que en la política de Estado, en la seducción que en la realidad, en la especulación que en el trabajo, en los vicios que en las virtudes. Por eso resultaba tan cómoda y atractiva. Pero al final nos han pasado la factura de la juerga, y ha resultado más alta de lo que nadie había imaginado. Mil novecientos noventa y tres termina como una madrugada de vomitonas y resacas. Ello nos permite afrontar el 94 con el estómago y la cartera vacíos, pero con una visión mucho más realista de lo que somos, de lo que podemos y de la gente en cuyas manos hemos puesto nuestras vidas y haciendas. Pienso, por ello, que el año que viene va a ser bastante mejor. Entramos en él mucho más ligeros de equipaje e ilusiones. Lo que es una plataforma más segura para el despegue. Los hombres pasan, pero los pueblos siguen. Yo marcho una semana a Nueva York, a recordar viejos tiempos y contemplar nuestro país desde la lejanía. Pero antes de marcharme, quiero reiterar mi confianza en España, que es tanto como reiterarla en sus gentes. A todos les deseo una feliz entrada en el año nuevo. Lo que nos depare, dependerá ya de nosotros.

(30 de diciembre de 1993.)

Enero de 1994

Panorama norteamericano

Les traigo dos noticias —una buena, otra mala— de Nueva York, donde estuve la semana pasada. La buena es que la economía norteamericana se recupera. La mala, que tal recuperación no se va a transmitir automáticamente a Europa, a España. Que la recuperación está allí en marcha no cabe la menor duda. Las compras navideñas batieron récords. Bajó el paro. El producto nacional bruto creció el pasado año más del 3 por 100 y este se predice que crecerá aún más. Pero quien crea que la locomotora norteamericana tirará del resto, como tantas veces en el pasado, está muy equivocado. Ha sido una recuperación muy especial, distinta a todas las anteriores. No se han recuperado todos los sectores. Sólo aquellos que han sido capaces de reducir gastos y aumentar la productividad. El resto sigue en el agujero, si no se lo ha llevado la corriente. Por otra parte, el norteamericano ya no mira a Europa, mira a Asia. «Tenemos que competir con gentes que ganan diez dólares diarios», dicen los expertos. ¿Cómo? Pues a base de imaginación, tecnología y apretarse el cinturón. El reajuste ha sido durísimo. En los últimos tres años, entre el 30 y el 40 por 100 de los norteamericanos han visto descender su nivel adquisitivo, si no su nivel de vida. Así están ellos. Como tras una cura de adelgazamiento. Pero vuelven a ser competitivos. ¿Será capaz Europa de someterse a esa cura? ¿Será capaz España de aceptarla? La verdad es que uno ya no sabe qué sorpresa le deparará nuestro país. Pero una cosa es cierta: quien no lo haga, que se despida de un siglo XXI en la división de honor.

(10 de enero de 1994.)

Banesto

No sé si conocen el chiste del rabino. Acuden dos judíos a un rabino para que decida sobre sus diferencias. Expone el primero su caso, y dice el rabino: «Tienes razón.» Habla luego el segundo, y sentencia el rabino: «Tú también tienes razón.» «¡Pero rabino —exclama un tercero, testigo de lo ocurrido—, no pueden tener razón los dos al mismo tiempo!» «Pues tú también tienes razón», responde el rabino. En la crisis de Banesto empieza a ocurrir otro tanto. Oye uno a Rojo, y dice: «Tiene razón.» Oye a Conde, y confirma: «Suena totalmente razonable.» Lo malo es que no pueden tener razón al mismo tiempo. Confirmándonos aquello de que se miente mejor con cifras que con palabras. Aunque lo peor de todo, ¿saben qué es? Que no sabemos a quién creer, o dicho de otro modo, quién miente. Y es terrible esto de no tener confianza en el gobernador del banco nacional. Entre otras cosas porque si don Luis Ángel Rojo cree que su deber es intervenir todas aquellas compañías con un gran agujero, ya puede disponerse a hacer horas extraordinarias. Al frente de ellas está nada menos que el propio Estado español. Un Estado con un déficit astronómico, moroso con sus proveedores, incapaz de cumplir una sola de sus predicciones económicas ni de sacar adelante un plan viable de saneamiento de la economía nacional. ¿Saben ustedes cuál fue el déficit presupuestario español en 1993? Pues tres billones, con b, de pesetas. ¡Ese sí que es un agujero! Adelante, don Luis Ángel, todo es empezar.

(11 de enero de 1994.)

El sucesor de González

¿Quién va a ser el sucesor de Felipe González? Porque todo apunta que este va a ser su último mandato, e incluso él mismo lo ha dado a entender. Aspirantes hay muchos. Delfines, ninguno. Serra parecía el favorito, pero su gestión en la vicepresidencia ha sido más para llorar, o reír, que para gobernar. Quedan, ansiosos a la espera, Solana, Solchaga, Bono, Chaves. Incluso Guerra, a quien González acaba de recuperar del ostracismo. ¿Pero saben una cosa? Para mí, el sucesor va a ser José María Aznar. Las entrevistas cada vez más frecuentes entre ambos líderes. La blandura de Aznar en los últimos tiempos. La identidad de puntos de vista respecto a Mario Conde. Mucho apunta que Felipe ha dicho a su rival: «Mira, José María, no me amargues los últimos meses en la Moncloa, que el próximo inquilino vas a ser tú. Yo estoy un poco cansado, y en mi partido, los que me gustan no dan la talla, y los que dan la talla no me gustan. Así que vete preparando, que voy a hacer todo lo posible para que me sucedas.» Y Aznar, naturalmente, ha picado. Observen bien y verán que todo encaja. Todo encaja a no ser que González no esté cansado y estemos sólo ante otra de sus jugadas maestras. ¿Qué conseguiría con ello? Pues neutralizar a su principal adversario, desconcertar aún más a los suyos y ganar tiempo. Que es lo único que hace desde hace un año. Ganar tiempo a ver si escampa. Pero no escampa. Al revés, arrecia el aguacero. Pero más se mojan los que están fuera de la Moncloa. Aznar incluido.

(12 de enero de 1994.)

Rumasa-Banesto

La Historia, que según Hegel está regida por un geniecillo irónico, ha querido que el procesamiento de Ruiz-Mateos coincida con el terremoto de Banesto. Aunque lo primero que le dicen a uno es que los dos casos nada tienen que ver entre sí, que Rumasa es tan distinta a Banesto como Ruiz-Mateos a Mario Conde. No negamos que, psicológicamente, ambos personajes están en las antípodas. Pero también es verdad que comparten rasgos comunes: su pasión por el riesgo, por la audacia, por hacer la guerra por su cuenta. En cuanto a sus casos, coinciden también en más de un punto. Los dos fueron una intervención drástica de las autoridades económicas ante una situación que definían como gravísima, después de haber permanecido inmóviles largo tiempo. Por qué no se actuó antes es una de las grandes incógnitas. Pues si no lo vieron con tantas auditorías, fue un fallo grave. Pero si viéndolo no actuaron, fue más grave todavía. Claro que queda una tercera alternativa: que la situación no fuese tan desesperada como decían. Pero esto no sería ya un error. Sería un engaño. Aunque todo esto es ya agua pasada, que sólo los tribunales podrán esclarecer. Y si no lo esclarecen los tribunales, que últimamente aclaran muy pocas cosas en España, habrá que esperar a que lo esclarezca la Historia. Lo que nos interesa ahora es que no se repita el desenlace. Porque el agujero de Rumasa, que decían era de 200.000 millones de pesetas, nos costó un billón a los españoles. Estos son los negocios que hemos hecho últimamente. Para negocio, el que hicieron aquellos próximos al Gobierno a quienes les regalaron, o poco menos, las empresas. ¿Va a pasar lo mismo con Banesto? Esperemos que no. Estamos casi seguros de que no. No porque falten ganas, sino porque las arrogancias que podía permitirse al principio el Gobierno González con la mayoría absoluta, no puede permitírselas hoy, gobernando en minoría, con escándalos por todas partes y el prestigio por los suelos. Y si se lo permite, la culpa no es de él, ni de Mario Conde, ni siquiera de los que saquen tajada de su caída. Será de nosotros, que se lo permitimos.

(13 de enero de 1994.)

Clinton en Moscú

Todos los esfuerzos para potenciar la figura de Yeltsin durante la visita de Clinton a Moscú no han podido ocultar un hecho incuestionable: sólo queda una superpotencia, Estados Unidos. Han ganado la guerra fría, y de su rival, la Unión Soviética, quedan sólo sombras. Como Rusia. Eso, en sí, no es grave. Lo grave es que Estados Unidos no parece dispuesto a asumir las responsabilidades de superpotencia única. Derrotado su principal adversario, a los norteamericanos no les interesan hoy más que sus asuntos económicos y aquellos otros que afecten directamente a sus intereses. Los misiles nucleares ucranianos, por ejemplo. Pero lo que pasa en Bosnia, Perú o Argelia, les trae sin cuidado. Esa es la causa de que carezcamos de un orden mundial. Todo orden necesita un ordenador. Pero ese es un trabajo muy pesado, muy costoso, muy desagradecido, que no atrae a nadie. Antes teníamos dos policías universales.

Soviéticos y norteamericanos mantenían el orden en sus respectivos imperios. Nada se movía en ellos sin que Moscú o Washington lo permitiesen. Era un mundo mucho menos libre, pero bastante más seguro. El desplome de la Unión Soviética ha traído el caos en lo que fuera su imperio. Y los norteamericanos no quieren meterse allí a poner orden. De hecho, no lo ponen ya ni en el suyo. De ahí que en vez del nuevo orden mundial que nos prometía Bush, no tengamos ninguno. Y si antes dije que quedaba sólo una superpotencia, exageraba. A efectos prácticos, no queda ninguna. Los rusos han perdido la corona y los norteamericanos han abdicado. Nadie está dispuesto a asumir el peso de la púrpura. Los imperios nunca han sido un gran negocio, contra lo que vulgarmente se cree, y hoy pueden llevarle a uno a la ruina. ¡Quién iba a decirnos que terminaríamos añorando los viejos tiempos en que dormíamos tranquilos, dejando a la Casa Blanca y el Kremlin decidirlo todo!

(14 de enero de 1994.)

Puerto Hurraco

El caso de Puerto Hurraco es algo más que un asesinato múltiple, con aires tremebundos y personajes que parecen sacados de una novela de Cela o de Dostoievski. Es, más que otros crímenes tristemente famosos en nuestro país, como el de Alcàsser, un símbolo de nuestras ilusiones rotas. Recuerden la conmoción que causó, cuando se produjo hace tres años y medio. Iniciábamos la década de los noventa. Estábamos preparando la Expo, las olimpiadas y nuestra entrada triunfal en Europa. Éramos el lugar preferido, tanto para inversores como para los turistas. Éramos el país de moda e incluso la modernidad se guiaba, eso al menos nos decían, por la movida madrileña o la divina izquierda barcelonesa. Y, de repente, ¡zas!, nueve muertos a escopetazos en un pueblo extremeño. Por odios atávicos. Aquello era el regreso a la España negra de un empujón. Aquello no podía ser verdad. Nosotros éramos ya europeos, cosmopolitas, universales. Nos recibían en todas las cancillerías. Nos alababan en todas partes. Aquello sólo podía ser un error, un anacronismo. Y así lo tomamos. Tres años y medio más tarde nos damos cuenta de que no era tal error. De que nuestra modernidad era tan superficial como nuestra riqueza. De que seguimos siendo un país cruel, de pícaros y mendigos. De que aquí todavía es posible que el director general de la Guardia Civil se enriquezca en el cargo, la directora del *Boletín Oficial* manipule con el papel, la principal agrupación obrera deje sin ahorros a miles de obreros y uno de los principales bancos dé el gatillazo. Esa es la España que dejan en herencia los socialistas. No la de Maastricht, sino la de Puerto Hurraco.

(17 de enero de 1994.)

Impulso ¿de qué?

José María Aznar nos dicen que negocia con González el llamado impulso democrático. Lo siento, pero no le creo. Si me dijera que su aproximación al jefe de Gobierno se debe a que no quiere verle caer en manos de los nacionalistas vascos y catalanes o a que la situación económica es tan desesperada que todos debemos olvidar nuestros intereses particulares para buscar los generales, no es que le creyese —yo tardo mucho en creer a los políticos—, pero le concedería el privilegio de la duda. Pero que me diga que lo hace para obtener esa regeneración democrática que tanto necesita España, no puedo creerlo. Mire usted, señor Aznar, mientras don Eligio Hernández sea fiscal general del Estado, lo de impulso democrático suena aquí a timo de la estampita. Mientras el máximo acusador del reino sea un hombre que simboliza el cancerbero del partido en el poder, la democracia será aquí algo así como el pito del sereno. Lo que usted hubiese tenido que hacer cuando Felipe González le tiró los tejos fue decirle que si quería una oposición responsable, una oposición consciente de los enormes problemas que tiene el país, una oposición que no hiciese lo que hicieron ellos con los últimos gobiernos del país, una oposición, en fin, que ponga los intereses nacionales encima de los suyos propios, era nombrar para la fiscalía general del Estado una persona que significase una garantía para todos los españoles, y no sólo para el partido gobernante. Sólo entonces podrían empezar a hablar. Sólo entonces creeríamos que González iba de veras, y no intentaba otra triquiñuela para desarmar a la oposición. Sólo entonces, señor Aznar, creeríamos que usted busca un impulso democrático, y no obtener el poder por la vía más rápida y cómoda.

(18 de enero de 1994.)

Pegarse sin querer

¿Recuerdan esas embarazosas situaciones en las que dos se ven abocados a pegarse sin tener las menores ganas de ello? Esa es la impresión que produce la huelga del 27 de enero. Nadie la quiere, todos se darían con un canto en los dientes para encontrar una excusa para desconvocarla. Pero todos han empeñado su palabra, su prestigio, sus principios, y no tienen más remedio que seguir adelante. Los sindicatos saben perfectamente que mientras la huelga del 14-D se celebró en época de vacas gordas, hoy atravesamos un período de vacas flacas, cuando la gente no está para algaradas. El Gobierno sabe que una huelga general es, en el fondo, una huelga revolucionaria, y lo menos que necesita España es dañar su imagen de estabilidad. ¿Por qué, entonces, van a la huelga, si ambos conocen sus efectos negativos? Pues porque esta huelga es más que una huelga. Los sindicatos se juegan en ella no sólo su prestigio, sino es posible que su existencia. Perderla significaría que han perdido la confianza de la masa laboral en que se apoyan. Por su parte, el Gobierno se juega su credibilidad, cuando más la necesita para sacar al país de la crisis. Así que no pueden dar marcha atrás. Y así vamos derechos al precipicio de la huelga. Suele decirse que cuando dos quieren pelearse, se pelean, por mucho que intenten separarles. Bueno, pues en la España de 1994, también se pegan los que no quieren.

(19 de enero de 1994.)

Política y banca

«Lo que les ocurre a ustedes los españoles —me decía un norteamericano durante mi última visita a Nueva York— es que piden carisma para todo. Y no puede ser. Hay actividades que requieren carisma, como la política, y otras, como la banca, donde puede resultar nociva.» Reconozco que al oírlo me cabreé íntimamente. Era el viejo reproche del caudillismo que necesitamos. Pero luego, dándole vueltas, he tenido que reconocer que algo de razón sí que tenía. Aquí, para que alguien destaque en cualquier cosa se le exige que tenga «ángel». Es la virtud más estimada, y cuando alguien sin él aspira a cualquier puesto relevante, le apartamos de un manotazo con un: «Pero si es un muermo que duerme a las ovejas.» Sin tener en cuenta que ese muermo puede saber del asunto más que nadie. No importa. Preferimos a alguien con «ángel», aunque sea lo único que tenga. No niego que en política, el gancho personal sea importante. Sobre todo en nuestra era de la televisión, cuando no sólo se ve, sino que se piensa con los ojos. Pero dejando aparte que la Historia está llena de estadistas geniales que no eran telegénicos, resulta indudable que, en las demás actividades, el carisma puede ser tanto una ventaja como una desventaja. Depende de cómo se use. En la banca, desde luego, hay que usarlo con mucho cuidado. El carisma sirve, sobre todo, para seducir. Y mientras la política es un arte de seducción, en la banca no hay que seducir a nadie, se trata sólo de engordar el dinero, que no se deja seducir. Quien confunda la seducción de las personas con la seducción del dinero no irá muy lejos. Aunque los primeros confundidos, como decía mi conocido norteamericano, somos los españoles, que tenemos políticos sin carisma, excepto González, y empezábamos a tener banqueros con ella. Así nos va.

(20 de enero de 1994.)

Cine europeo y cine americano

Lo único español que hay en la noche de los Goya es el nombre. Todo lo demás es puro Hollywood. Resulta irónico que siendo nuestros cineastas tan críticos con Hollywood, hayan copiado de él lo más deleznable que tiene, la noche de los Oscar. Pero así de lógicos somos en este país. Se me dirá que también son españolas las películas que se premian. Y diré que hasta cierto punto. Las películas que se hacen en España son, en primer lugar, de su director. Luego, españolas. Es la gran diferencia entre el cine norteamericano y el europeo. En Estados Unidos, las películas se hacen para el gran público. En Europa se hacen para el director y, todo lo más, para sus amigos y seguidores. A un director europeo le basta con estar contento con su película. En Hollywood no basta que una película guste a su director. Tiene que gustar a mucha más gente. Por eso pasa por tantas manos, desde que es un mero guión hasta que se monta la copia definitiva, en un larguísimo proceso de elaboración, que es también de ampliación. El director, eso sí, pone su toque personal. Pero el producto final tiene muchos padres. De ahí que las películas europeas sean casi siempre de minorías, mientras las norteamericanas suelan ser películas de masas. Y de ahí que las primeras tengan que pedir ayuda gubernamental para sobrevivir y las segundas ganen millones. Miren ustedes por dónde, de los premios Goya hemos venido a parar a las subvenciones a nuestro cine. Y es que aquí siempre se acaba ordeñando al Estado. Por cierto, Goya no necesitó nunca ayuda estatal para venderse e imponerse. Y no me dirán ustedes que no era español.

(21 de enero de 1994.)

Revolución futbolística

Qué es el fútbol lo sabe todo el mundo. Qué significa el fútbol lo saben muy pocos. En el fútbol español está teniendo lugar una revolución, sin que nos demos cuenta. En el fútbol español, como en todo lo demás, ganaban siempre los mismos. Tres o cuatro equipos, generalmente de Madrid y Barcelona, se repartían copas y ligas, sin que los demás pudieran hacer más que de comparsas. En esta liga, parece que se ha acabado. Encabeza la clasificación el Deportivo de La Coruña, y en los seis primeros puestos están el Sporting de Gijón y el Albacete, dos modestos equipos que, según las viejas normas, tendrían que vérselas y deseárselas para no descender. Mientras en la segunda mitad de la tabla se encuentran equipos como el Atlético de Madrid y el Valencia, que habitualmente luchan por el título. ¿Qué está pasando aquí? Pues ya les digo, una revolución. ¿Y cuál es la causa de esa revolución? Pues las revoluciones no ocurren así como así. Tengo la sospecha de que ha ocurrido lo que en todas las revoluciones: los grandes se han hecho demasiado grandes, perdiendo agilidad, frescura, ideas, capacidad de reacción. Mientras los pequeños tienen todo eso, a más de la ilusión de ganar. Y lo están haciendo. Siempre he sostenido que el fútbol, al menos en nuestro país, es algo más que un deporte. Lo que veo en la presente liga me lo confirma. Algo muy profundo, muy importante está teniendo lugar en el fútbol español. Un relevo, un cambio de guardia, una nueva forma de ver y de hacer las cosas. Cuando vemos que en el resto de las actividades, la política incluida, cuanto más cambian las cosas más son lo mismo, esta revolución en el fútbol español es un consuelo, una esperanza.

(24 de enero de 1994.)

La huelga

Hay tantas razones para ir a la huelga como para no ir a ella. Por eso andamos los españoles tan divididos y desconcertados. Desde luego, el Gobierno ha hecho méritos más que sobrados para merecer esta huelga y mucho más. Ha incumplido sus promesas electorales. Ha permitido que siga la corrupción. Ha sido incapaz de sacarnos de la crisis. Pero que el Gobierno merezca esta huelga no quiere decir que la huelga sea buena. Sobre todo teniendo en cuenta que los sindicatos tampoco merecen el voto de confianza que con esta huelga tratan de ganar. Unos sindicatos que han lanzado ya tres huelgas generales sin sacar más que victorias huecas, incapaces de limpiar sus establos de los brotes de corrupción que hay en uno de ellos, y cuyas mejores armas son los piquetes informativos, no ofrecen la menor garantía de que su fórmula sea la idónea para solucionar la crisis. ¡Menuda patada intentan dar al Gobierno en nuestro trasero! En tales circunstancias, se trata sólo de elegir el mal menor, y eso tendrá que decidirlo cada uno. Conscientes todos de que ni los que van a ir a la huelga son más solidarios que los que no vayan, ni los que trabajen, más laboriosos que los que hagan huelga. Lo ideal sería que cada cual pudiera hacer en libertad lo que le dicta su conciencia, y pasado mañana pudiéramos reemprender nuestro camino en paz. Me temo, sin embargo, que la irritación de algunos, la confusión de muchos y la debilidad de los principales protagonistas, Gobierno y sindicatos, nos depare una de esas jornadas, tan abundantes en la historia española, en las que se destruye mucho y se consigue muy poco. Nada celebraría tanto como equivocarme.

(26 de enero de 1994.)

Huelga obrera

Si piensan en los lugares donde la huelga de hoy tuvo una mayor incidencia, se darán cuenta de su principal característica: ha sido una huelga industrial. Una huelga, sobre todo, obrera. Y eso, que tendría que ser un motivo de orgullo para los sindicatos, no lo es en este caso particular. Porque los sindicatos habían declarado una huelga general, una movilización de todos los segmentos de la sociedad contra las reformas laborales del Gobierno. Y les ha respondido en masa la clase trabajadora, pero no la clase media, que era la que realmente buscaban. En este sentido, la diferencia con la huelga del 14 de diciembre de 1988 ha sido notable. Entonces se movilizó todo el país. Ahora se ha movilizado sólo una clase. Una clase amplia e importante, sí, pero clase al fin y al cabo. Hablar de triunfo es, por lo menos, exagerado. ¿Qué van a hacer los sindicatos? Como sus líderes son lo bastante inteligentes para no creer todo eso que dicen de éxito total y demás, suponemos que reflexionarán sobre el hecho de que no representan al entero sentimiento nacional, por encima incluso del Parlamento. No. Representan, cuanto más, al sector obrero. En cuanto al Gobierno, tampoco puede cantar victoria. Es verdad que la huelga no tomó las dimensiones apocalípticas de la del 14-D, pero aun así fue impresionante. Y un gobierno socialista enfrentado a la clase obrera es una contradicción que ni siquiera España, tierra de contradicciones, puede permitirse a la larga. O Felipe González anuncia pronto que ha dejado de ser socialista o deja la política que ha provocado esta huelga. Ambas cosas a la vez, imposible.

(27 de enero de 1994.)

Bancarrotas millonarias

No teman, no voy a hablarles de la huelga. Les supongo hartos de ella y de que todos se proclamen vencedores. Hoy quiero hablarles de un asunto en el que no hay vencedores. Me refiero a las grandes empresas que van a la quiebra, dejando tras sí un agujero tan grande que arrastra a miles de personas, muchas de ellas modestas. Mientras, los gerentes escapan con sus millones, sin que les afecte lo más mínimo. España es el único país europeo en el que cuanto más se arruinan las empresas, más se enriquecen sus directivos. Algo inadmisible desde el punto de vista de la lógica y la ética más elementales. Se nos dice que la legislación española no tiene nada previsto para estos casos. Pues si no lo tiene, que se copien textualmente los artículos del Código Penal alemán sobre el *ungetreue Geschaeftsführung,* sobre la dirección comercial desleal, que condena a aquellos gestores que abusaron de los fondos a ellos encomendados, y les responsabiliza con su patrimonio personal de las pérdidas causadas. Es la única forma de que la gente normal y corriente tenga confianza en las instituciones e invierta en ellas, sin temor a verse estafada por la mala gestión, la negligencia de los inspectores y la pasividad de las autoridades. Este no es un país centroafricano. O no tendría que serlo. Pero que un empresario, para despedir a un empleado, tenga que demostrar que está perdiendo dinero, mientras un gestor puede llevar a la quiebra a la entera empresa, dejando en paro a miles de personas, sin que su patrimonio se vea afectado en lo más mínimo, nos está llevando a situaciones desesperadas y nada sanas para la armonía de nuestra sociedad.

(28 de enero de 1994.)

Febrero de 1994

El nuevo PSOE

¿Qué va a hacer Felipe González con las manos libres que ha obtenido cara al XXXIII Congreso del PSOE? ¿Qué va a hacer con ese 70 por 100 de los delegados que le arropan, frente al 30 por 100 guerrista? Pues va a hacer el nuevo partido conservador español. Este hombre es un fundador nato. Primero contruyó la nueva izquierda española, y ahora quiere construir la nueva derecha. No la va a llamar así, naturalmente, va a seguir llamándola PSOE. Pero a efectos prácticos, será lo mismo. El nuevo PSOE estará por la flexibilidad laboral, por el sometimiento de los sindicatos, por la aplicación estricta de las reglas de mercado, por el recorte del Estado de bienestar, por la privatización de las empresas públicas, por la ayuda a las empresas privadas. Pero ¿no es ese el programa que Baladure está lanzando en Francia?, dirán algunos. «Exactamente igual —contestará Felipe González—. Pero como la derecha española no ha sido capaz de llevarlo aquí a la práctica, lo llevo yo.» José María Aznar parece encantado. «Me está haciendo el trabajo sucio», debe decirse. Tiene razón. Pero que se ande con cuidado. Que se ande con cuidado porque puede estar haciéndole, además, la cama. Y en las próximas elecciones muchos se digan: «Si ya tenemos una derecha, la de Felipe González, ¿para qué elegir otra?»

(1 de febrero de 1994.)

El Liceo

Si necesitáramos todavía una prueba de hasta qué punto se ha deteriorado la convivencia en nuestro país, nos bastaría con la polémica desencadenada en torno a la reconstrucción del Liceo barcelonés. Oigo cada vez a más gente, y además gente culta, aficionada a la música, que dice: «Que lo reconstruyan los catalanes.» Si se compara con aquellas oleadas de solidaridad que se creaban en toda España a raíz de unas inundaciones en Cataluña, se comprenderá hasta qué punto hemos retrocedido en algo tan importante como la creación de un Estado hermanado y solidario. ¿Por qué? ¿Por qué hoy no nos sentimos tan dispuestos a ayudar al compatriota fulminado por la desgracia? Hay muchos culpables, tal vez todos lo seamos un poco, y el Gobierno Pujol está recogiendo las tempestades que sembró con aquellos vientos de ahuyentar al español de su enseñanza. Son estas cosas muy peligrosas, que producen heridas muy profundas y difíciles de curar. Como ha habido también, todo hay que decirlo, falta de sensibilidad en el resto de los españoles para comprender lo que significa el catalán para los catalanes. Pero posiblemente la mayor responsabilidad recaiga sobre el Gobierno central. Esa ministra que siempre ríe, no sabemos la causa, que sale con que no hay dinero para la catedral de Burgos y dos días después promete todo el dinero que haga falta para la reconstrucción del Liceo barcelonés, se ha inhabilitado para ser ministra de Cultura o de cualquier cosa. No se trata de contraponer un monumento a otro. Debe haber dinero para la catedral de Burgos, para el Liceo de Barcelona, para el acueducto de Segovia y para las murallas romanas de Lugo, que por cierto se están cayendo a trozos. Para lo que no debe haber dinero es para las exposiciones de los amigos, las publicaciones de los cofrades, las ayudas a los seguidores, y las mil mamandurrias con que ha venido gastándose el dinero el Ministerio de Cultura, de forma que cuando llega algo realmente importante, no queda. Aunque eso, repito, no es lo peor. Lo peor es el clima de insolidaridad, de enfrentamiento, de reto a que han llevado a los españoles once años de gestión socialista.

(2 de febrero de 1994.)

El Supremo contra el Constitucional

Lo que nos faltaba. El Tribunal Supremo quejándose ante el Rey de que el Tribunal Constitucional ha invadido sus competencias. Concretamente, cree que el Constitucional se pasó al anular una sentencia suya sobre las pruebas de paternidad, reinstaurando otra anterior de la Audiencia de Madrid. Y como el Supremo no tiene a quién apelar, apela al Rey, «como máximo poder moderador del Estado». Lo que asusta es que los dos más altos tribunales de la nación puedan cometer errores tan garrafales. El Constitucional está para decidir si un asunto se ajusta o no a la Constitución, no para actuar como cámara de apelaciones de las sentencias del Supremo. Pero el Supremo debería saber que el Rey tampoco es una instancia judicial a la que apelar. La justicia la administran los jueces y magistrados en su nombre, nada más. Y si esto, tan simple, no lo saben las más altas magistraturas del país, ya me dirán cómo están las bajas. Claro que esto, tarde o temprano, tenía que ocurrir. La función de ambos tribunales, tan clara sobre el papel, no lo es tanto en la práctica y siempre surgirán casos en los que la estricta legalidad y la constitucionalidad se entremezclen. Ya tenemos uno. Y ni el Rey va a ser capaz de resolverlo. En Estados Unidos han resuelto el dilema salomónicamente: haciendo al Tribunal Supremo al mismo tiempo Tribunal Constitucional. Así no puede haber choque entre ellos, ya que son el mismo. ¿Por qué no se hizo aquí? Pues porque aquí, con tal de crear altos cargos, muchos altos cargos, para repartirlos entre los amigos, se olvidaron los problemas que con ellos pueden crearse. ¿Qué hacemos entonces? Pues pedir ayuda al Rey. Nuestra democracia termina siempre pidiendo ayuda al Rey. Menuda democracia.

(3 de febrero de 1994.)

Llámame como quieras

Finalmente un cambio, un cambio de verdad. No esa chufla de los «renovadores» ni la rechufla del «cambio del cambio». Esta vez el Gobierno ha dado un paso realmente innovador: los españoles vamos a poder elegir para nuestros hijos los nombres que queramos. Hasta ahora, teníamos que limitarnos a los del santoral. En adelante, cualquier nombre, nacional, extranjero o incluso inventado, será válido. Podremos llamar a nuestros vástagos Murasaki o Cacateno, Moshe o Pochito, Apolíneo o Dionisiaco. ¡Qué variedad! ¡Qué exuberancia! ¡Esto sí que es modernizar! No creo que en ningún otro país del mundo haya tal libertad. El próximo paso será permitir el cambio de nombre cuando uno o una llegue al uso de razón. Pues es de suponer que no todos estén conformes con las fantasías patronímicas de sus padres. Y si hasta ahora, con la opción limitada, ya había quien renegaba del nombre que le habían puesto, puede imaginarse qué ocurrirá cuando se levante la veda. Pero el Gobierno González ha debido decirse: «Ya que no podemos cambiar a los españoles, cambiémosles al menos los nombres. Al diablo el santoral.» Ahora sí que van a poder decir que van a dejar España que no la conoce ni la madre que la parió. Si no la madre, la abuela. ¡Ay, este Gobierno González, siempre dándonos gato por liebre, y a veces, ni siquiera gato! Aunque hay que reconocer que, como los pícaros de antaño, tienen gracia.

(4 de febrero de 1994.)

Nueva Guerra de los Treinta Años

Como ya no se estudia otra historia que la local, pocos saben que Europa tuvo otra guerra como la de Yugoslavia. La llaman la de los Treinta Años y la sufrió Alemania hace más de tres siglos. Fue una guerra religiosa, entre católicos y protestantes. Ya que el nacionalismo ha sustituido a la religión, la de hoy es entre serbios, croatas y bosnios. Por lo demás, son idénticas. La misma mediocridad de los políticos, la misma irracionalidad de las gentes, la sustitución de la realidad por los sentimientos, la disposición a aliarse con el extraño contra el vecino. Los protestantes alemanes tenían a su favor a suecos y daneses. Los católicos, a italianos y españoles. Aunque más que una guerra de ejércitos, fue una guerra de pueblos. Con resultados devastadores. Alemania quedó con un tercio de su población anterior. Claro que no todas fueron víctimas de las batallas. La mayoría murió de hambre, de frío, de enfermedad, de abandono. ¿Cómo acabó aquello? Pues por cansancio. Los extranjeros se cansaron a los veinticinco años, y se retiraron. Los alemanes siguieron luchando cinco años más, hasta caer exhaustos, sin imponerse los católicos ni los protestantes. Tuvieron que seguir viviendo juntos, sin que la guerra sirviera de nada. ¿Va a ocurrir lo mismo en lo que fuera Yugoslavia? «Aquellos que no recuerdan la historia están condenados a repetirla», dijo Jorge Santayana. Tal vez la mejor forma de acabar con la guerra en Bosnia sería enviar allí unos millones de historias de la Guerra de los Treinta Años. Si es que, con tanto nacionalismo, no se les ha olvidado también leer.

(7 de febrero de 1994.)

El aprendiz de brujo

Quienes creían haber arrinconado a Alfonso Guerra han debido llevarse un susto al verle surgir vivito y coleante. Alfonso Guerra no sólo no se ha rendido, sino que planta cara abiertamente a Felipe González, despreciando la camarilla que le rodea, esos «renovadores de la nada» que les llamó Benegas. Con razón, pues sin Felipe no son nada. González es el verdadero eje del cambio copernicano que está experimentando el Partido Socialista Obrero Español. A él se dirige Alfonso Guerra diciéndole: «Tal vez todas esas cosas sean necesarias. La flexibilidad laboral, los recortes del Estado de bienestar, el poner a los sindicatos en su sitio. Pero no somos nosotros quienes tenemos que hacerlo. Ya está la derecha para ello. Lo nuestro es la utopía, la defensa de la clase trabajadora, la colaboración con los sindicatos. A menos que queramos dejar de ser socialistas y convertirnos en derecha. Pero para eso, no se cuente conmigo.» La realidad es que Felipe González ha dejado de ser socialista. Tal vez nunca lo fue. Hoy, desde luego, no lo es. ¿Qué es? Pues felipista. Nada más y nada menos. La trágica ironía es que Felipe

González es la obra de Alfonso Guerra. Fue él quien convirtió el partido en su comparsa. Quien machacó a los disidentes. Quien se rió de los dogmas. Quien enterró a Montesquieu. Quien practicó que el fin justifica los medios. Quien se encogió de hombros ante la corrupción. Quien dispuso que al amigo todo y al enemigo ni agua. Ahora es la víctima de todo ello. A los aprendices de brujo suelen ocurrirles estas cosas.

(8 de febrero de 1994.)

PSV

Hay que agradecer a Cándido Méndez, candidato oficial a la sucesión de Nicolás Redondo al frente de la UGT, su sinceridad respecto al asunto PSV. El sindicato ha hecho todo lo que ha podido, dice, así que el Gobierno debe hacerse cargo de la cooperativa en quiebra. O sea, que lo paguemos todos los españoles. No se escandalicen. Es la norma. Si Banesto aparece con un agujero así de grande o se quema el Liceo barcelonés, y se acude a los fondos públicos, ¿por qué no van a pedirlos también unos sindicalistas en apuros? Al fin y al cabo, dirán, la vivienda de un obrero es más importante que un palco de ópera. Lo entendemos, pues aquí siempre se acaba echando mano de los dineros públicos, que son los nuestros. Pero nos hubiera gustado que el señor Méndez nos hubiese dicho al menos dónde se han ido esos miles de millones de pesetas que les han sacado a los cooperativistas y no aparecen por ninguna parte. Y nos hubiera gustado aún más que anunciase medidas contra los gestores de la cooperativa, que tan mal llevaron. Pero de eso, ni una palabra. España es el país donde terminamos pagando siempre los mismos, se hunda un banco, arda un teatro o quiebre una cooperativa. Mientras los responsables se quedan tan tranquilos con sus millones. Estamos tan acostumbrados a que nos metan la mano en el bolsillo, banqueros y sindicatos, políticos y artistas, ricos y pobres, que ya hasta nos hemos acostumbrado a ello. Pero al menos podrían darnos las gracias y no actuar como si nuestro dinero, que tanto nos ha costado ganar, les perteneciese.

(9 de febrero de 1994.)

Pujol en la Moncloa

Me parece que Jordi Pujol no alcanzaría hoy el premio de popularidad fuera de Cataluña. Pero eso sólo indica nuestra inexperiencia y confusión. La política no es un test de popularidad, sino de eficacia. Y no hay duda de que Pujol es tremendamente eficaz. Sólo que él es un nacionalista catalán, y reserva la eficacia para Cataluña. Un nacionalista, además, profundo, no folclórico. Pujol cree que Cataluña está separada de España, no sólo por la lengua, sino también por la historia. Podría discutirse, pero en cualquier caso, él ve su tarea en rescatar lo más posible a Cataluña de la historia española. No lo ha ocultado a nadie, no nos ha engañado al respecto. Lo único que podría reprochársele serían sus tácticas. Ese lanzar globos sonda, para luego bajarles a tierra o dejarles ir, según cuajen o no. O esa otra táctica del *salami,* del salchichón, tan usada por los soviéticos durante la guerra fría, de no decir nunca de entrada que se quiere todo, sino ir cortando rodaja a rodaja las concesiones, sin ponerlas fin. O, la más eficaz de todas, de sostener que «lo mío es sólo mío, y lo tuyo vamos a negociarlo». Pero, repito, eso lo sabemos, es un nacionalista integral, hace lo que se espera de él. La verdadera cuestión, lo que realmente debe preocuparnos e incluso enojarnos es: ¿se le da o no? Hasta ahora, ha conseguido todo lo que se ha propuesto: el 15 por 100 del impuesto sobre la renta, la política económica conservadora. ¿Va a conseguir también el giro autonómico que busca? El único que puede contestar a esa pregunta es quien debe decirle sí o no. Quiero decir que a quien tenemos que ir con nuestras reclamaciones no es a Jordi Pujol. Es a Felipe González.

(10 de febrero de 1994.)

Año de perros

Los chinos tienen la costumbre, como saben, de bautizar cada año con el nombre de un animal. A este que acaba de empezar le han llamado el Año del Perro. Todo un piropo para ellos, pues el perro goza allí de especial consideración. No sólo ofrece la protección, fidelidad y compañía que le han hecho mundialmente famoso, sino que sirve para aliviar necesidades más urgentes. Un chino es capaz de prepararle un estofado de perro que usted juraría era de buey con pedigrí. De ahí que en los malos tiempos desaparezcan casi todos los perros de China, mientras en los buenos, proliferen. Este debe ser, al menos por el nombre, allí un buen año. En Occidente no llegamos a esa admiración por el perro. Podemos amar desaforadamente a nuestro perro, pero el del vecino suele caernos fatal. Y, en general, no goza de buena fama. Decir que alguien tiene cara de perro o que hace un tiempo de perros es todo lo contrario de una alabanza. Por no hablar de expresiones como «¡Hijo de perra!», o simplemente «¡Perro!», que suelen preceder a las bofetadas. Aquí usamos a los perros para compañía o para darles una patada, para presumir o para tirarles piedras. De ahí que mientras 1994 sea para los chinos el Año del Perro, para nosotros sea más bien un año perro. Ya lo dice la vieja sentencia: «El Este es el Este, y el Oeste, el Oeste, y no podrán nunca encontrarse.»

(11 de febrero de 1994.)

San Valentín

Ya sé que alguno me dirá que la moda de San Valentín tiene mucho que ver con el consumismo de nuestros días. O sea, que del mismo modo que se ha lanzado el Día del Padre, de la Madre y de la Secretaria, se ha inventado el Día de los Enamorados para aumentar las ventas. No lo discuto. La caja registradora es hoy reina. Pero nadie podrá negarme tampoco que, de un tiempo a esta parte, el amor está en auge. Y no me hagan echar mano del éxito arrollador que están teniendo programas como «Lo que necesitas es amor», que ha sorprendido a todo el mundo. ¿A qué se debe? Sin duda, a que cada vez hay menos amor. Se añora lo que no se tiene, y posiblemente el mayor déficit de nuestra sociedad no sea de dinero, sino de afecto, de cariño. Menos mal que las estadísticas no recogen estos datos, porque si los recogieran, arrojarían que en sentimientos somos más pobres que nunca. Y esto, a diferencia de los temas políticos, no creo que me lo discuta nadie. Pero yo quisiera ir un poco mas allá y apuntar las causas de este déficit. Sospecho que, últimamente, estamos confundiendo sexo con amor. Y aunque el sexo es parte importante del amor pleno, no es ni mucho menos todo. Entre las miles de definiciones del amor que se han hecho, me quedo con la de Bertrand Russell: «El amor es bastante más que sexo. Es la vía principal para escapar de la soledad que aflige a la mayoría de los hombres y mujeres en la mayor parte de sus vidas.» El puro sexo no llena nuestra soledad. Al revés, la acrecienta. Cuando nos damos cuenta de que sólo «haciendo el amor» seguimos solos, iniciamos la peregrinación a San Valentín.

(14 de febrero de 1994.)